Katharina Pavlustyk, Jahrgang 1984, war mehrere Jahre Journalistin, bevor sie in die PR-Branche wechselte. Seit Anfang 2016 arbeitet sie als freiberufliche PR-Texterin und Redakteurin für verschiedene Auftraggeber.

Auf ihrem Blog www.journalito.com schreibt sie über Menschen, die ihr (berufliches) Glück gefunden haben und bloggt zu den Themen Berufung, Glück und Zufriedenheit. Ihre eigene Entwicklung hat sie zu ihrem ersten Buch *Liebe deine Arbeit – 18 Experten zeigen Wege zur Berufung* geführt. „Ich bin überzeugt, dass in jedem von uns Fähigkeiten und Talente schlummern, die entdeckt werden wollen", sagt die Autorin. Ihr Erstlingswerk soll ein Wegweiser dazu sein.

Für V.
Weil du es mir ermöglichst,
meine Berufung zu leben.

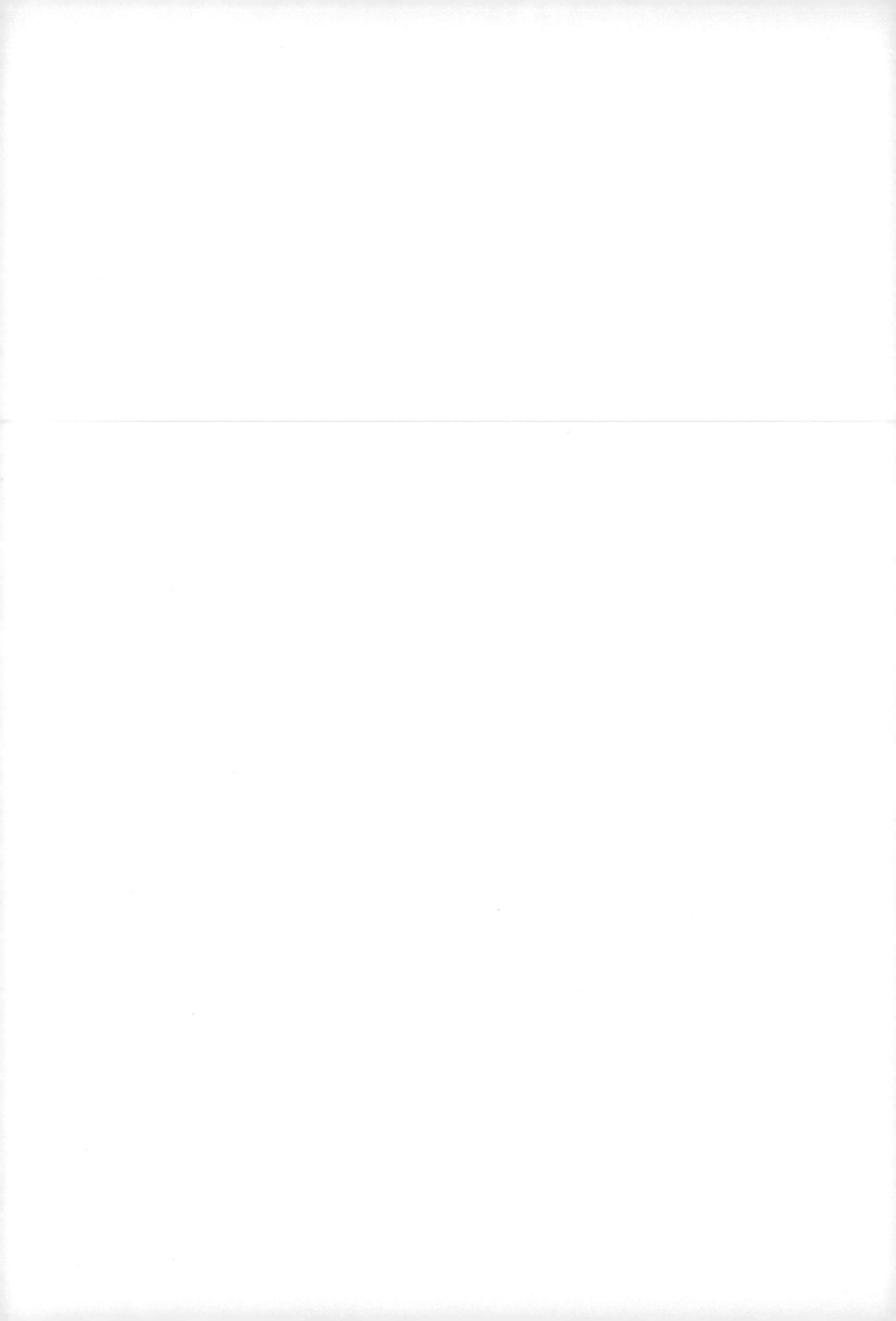

Katharina Pavlustyk

Liebe deine Arbeit

18 Experten zeigen Wege zur Berufung

© 2016 Katharina Pavlustyk
Umschlag, Illustration: Johanna Isabella Lang
Lektorat, Korrektorat: Anna Ueltgesforth

Verlag: tredition GmbH, Hamburg

ISBN
Paperback: 978-3-7345-5614-2
e-Book: 978-3-7345-5616-6

Printed in Germany

Das Werk, einschließlich seiner Teile, ist urheberrechtlich geschützt. Jede Verwertung ist ohne Zustimmung des Verlages und des Autors unzulässig. Dies gilt insbesondere für die elektronische oder sonstige Vervielfältigung, Übersetzung, Verbreitung und öffentliche Zugänglichmachung.

Bibliografische Information der Deutschen Nationalbibliothek:
Die Deutsche Nationalbibliothek verzeichnet diese Publikation in der Deutschen Nationalbibliografie; detaillierte bibliografische Daten sind im Internet über http://dnb.d-nb.de abrufbar.

Inhalt

Vorwort	9
1. Sei dein Bestes zu deiner Erfüllung und zum Wohle aller: Ursula Maria Lang	15
2. Akzeptiere dich und deine Situation: Regina Schlager	35
3. Kläre für dich wichtige Fragen: Lydia Sophia Wilmsen	51
4. Sei kreativ: Heike Thormann	65
5. Vertraue auf Gott: Wolfgang Schmidt	79
6. Entdecke deine Herzenswünsche: Heidi Marie Wellmann	93
7. Erkenne deine Werte: Katharina Tempel	105
8. Stelle dich deinen Ängsten: Irene Fellner	119
9. Sei entspannt: Johannes Metzger	133
10. Entfache dein Feuer: Natalie und Joeel A. Rivera	143
11. Suche Verbündete und Mentoren: Mara Stix	153
12. Sei du selbst: Lea Hamann	163
13. Entfalte dein Potenzial: Sebastian Thalhammer	173
14. Folge deinen Träumen: Suraya Baumeister	185
15. Achte auf deinen Körper: Ralf Bohlmann	197
16. Setze dein Lebenspuzzle zusammen: Heide Liebmann	207
17. Lerne zuzuhören: Andreas Gregori	221
Danksagung	233
Die Autorin	235
Die Designerin	237

Vorwort

Du trägst eine Gabe in dir. Ein Talent, eine Fähigkeit, die du seit deiner Geburt besitzt. Dein Potenzial ist riesig. Nur weißt du das vielleicht gar nicht. Möglicherweise kennst du dich selbst gar nicht so gut und hast vergessen, dass es irgendwann einmal etwas gegeben hat, das du gern gemacht hast. Mit Freude. Mit Leidenschaft. Mit Liebe.

Davon kann ich ein Lied singen. Vor einiger Zeit habe ich mich schrecklich gefühlt. Ich hatte einen Job als Zeitungsredakteurin, meine Eltern waren sehr stolz auf mich, und auch ich habe mit dieser Jobbezeichnung gern angegeben. Doch ich war tief unglücklich. Ich dachte, es liegt an der Arbeit, an dem oft stressigen Alltag als Journalist. Also suchte ich mir etwas anderes. Wieder ein an sich spannender Job – diesmal als PR-Redakteurin. Und wieder war ich nach wenigen Wochen im neuen Büro kreuzunglücklich. Ich hatte spannende Aufgaben und schrieb Texte für namhafte Unternehmen und große Konzerne. Ich hatte sehr nette Kollegen, die mich und meine Leistung geschätzt haben. Ich hatte sogar größere Freiheiten als zuvor und konnte an bis zu zwei Tagen in der Woche von zu Hause arbeiten.

Trotzdem habe ich mich gefangen gefühlt. Gefangen in diesem Bürogebäude. Ich habe Montage gehasst, aufs Wochenende hingearbeitet und die Tage bis zum nächsten Urlaub gezählt. Und ich habe gemerkt, dass es vielen Menschen so geht: Den Mittwoch bezeichnen sie als Bergfest, den Donnerstag als kleinen Freitag. Ich habe mich gefragt, warum so viele dennoch seit Jahren denselben Job machen. Warum sie etwa 1.700 Stunden im Jahr in etwas investieren, von dem sie sich im Urlaub erholen müssen. Und ich fragte mich: Was stimmt nicht mit mir?

Lange wusste ich darauf keine Antwort. Und diese Zeit der Unwissenheit, diese Zeit in der Dunkelheit war nicht schön. Ich habe stundenlang nach alternativen Arbeitsmodellen gesucht, mich über Studiengänge und Quereinsteiger-Jobs informiert. Ich habe irgendwo da draußen gesucht, dabei lag die Antwort die ganze Zeit in mir. Der Entschluss, meinen Job als PR-Redakteurin zu kündigen, setzte dann Dinge in Gang, die ich nie für möglich gehalten hätte. Mir sind spannende (Schreib-)Projekte zugeflogen, ich habe positive Menschen kennengelernt, die mich auf meinem Weg begleitet und bestärkt haben. Und ich habe etwas in die Tat umgesetzt, wovon ich jahrelang geträumt habe: Ich habe ein Buch – dieses Buch – geschrieben.

Es liegt mir sehr am Herzen – nicht nur weil es mein erstes Buch ist. Im Nachhinein habe ich das Gefühl, das Thema hat mich ausgesucht, nicht umgekehrt. Auf meinem Blog www.journalito.com schreibe ich über Menschen, die ihr (berufliches) Glück jenseits des 9-to-5-Jobs gefunden haben. Und kurz nachdem ich meine Stelle als PR-Redakteurin aufgegeben hatte, erreichten mich innerhalb kurzer Zeit Fragen von Lesern, die wissen wollten: Wie findet man sein berufliches Glück, seine Berufung? Wie findet man heraus, was man gern macht? Was muss man tun, um tatsächlich Arbeit zu verrichten, die man liebt?

Diese Fragen tauchten zu einem Zeitpunkt auf, zu dem ich selbst auf der Suche war. Auf der Suche nach meinen Wünschen, meinen Träumen, meinem Potenzial, meiner Berufung. Nach mir selbst. Und plötzlich war die Idee geboren, diese Fragen jenen Menschen zu stellen, die sich im Bereich der Berufung auskennen. Die mir, aber auch anderen Menschen zeigen können, was Berufung ist, wo wir sie finden, wie wir sie gestalten.

Die 18 Experten in diesem Buch geben konkrete Tipps auf dem Weg zur Berufung. Sie teilen ihre oft jahrelange Erfahrung, stellen Übungen vor und geben Denkimpulse. Jedes der Interviews, die ich mit den Berufungsberatern, Coaches und Trainern geführt habe, hat mich meiner Berufung und mir selbst näher gebracht. Und ich hoffe sehr, dass auch du wertvolle Informationen aus den unterschiedlichen Ansätzen und Methoden ziehen kannst. Am Ende der einzelnen Kapitel findest du Praxistipps, die dir auf deinem Weg helfen können. Nutze dieses Buch als Arbeitsbuch, nutze die Ratschläge der Experten.

Sie helfen dir gern, wenn du beim Freilegen deines Potenzials Unterstützung benötigst. Denn oft erscheinen uns die Dinge, die wir am besten können, als etwas Selbstverständliches. Als nichts Besonderes. Dann kann ein Blick von außen dabei helfen, Klarheit über die eigene Situation und die Fahrtrichtung zu bekommen.

Jeder von uns hat seine Stärken, sein Potenzial, seine ganz besonderen Fähigkeiten, die ausgelebt werden wollen. Und wenn du dich momentan in deiner Situation gefangen fühlst, lass dir dieses Buch ein Wegweiser sein – auf dem Weg zu dir selbst, zu deinen Talenten, zu deiner Berufung und einer Arbeit, die du liebst. Denn das ist sehr wohl möglich – das weiß ich aus eigener Erfahrung und aus den Erlebnissen der Experten, die ich für dieses Buch interviewt habe. Seine Berufung zu leben, ist wie … Zuhause. Es ist das Gefühl, angekommen zu sein. Nicht mehr suchen zu müssen. Frei zu sein.

Ich hoffe, dass die Antworten der 18 Experten dich, liebe Leserin, lieber Leser, auf der Reise zu deiner Berufung weiterbringen. Ich hoffe, dass du mithilfe der Ratschläge und Tipps aus den einzelnen Kapiteln Kraft und Hoffnung schöpfst und dich auf den Weg machst, dein Potenzial zu entdecken. Dies wünsche ich dir von ganzem Herzen.

Katharina Pavlustyk

1. Sei dein Bestes zu deiner Erfüllung und zum Wohle aller
Ursula Maria Lang

Jeder habe so etwas wie eine innere Stimme, einen Kompass, sagt Ursula Maria Lang. Die Berufungsberaterin hilft anderen Menschen seit mehr als vierzehn Jahren, dieser Stimme zu folgen – mit einer speziellen und zertifizierten Methode, die zu einem konkreten Berufsplan führt.

Sie selbst lebte ihre Berufung schon sehr früh: „Als Jugendliche, als ich mir zum ersten Mal Gedanken über den Sinn des Lebens machte, wusste ich, dass ich irgendetwas Sinnvolles für die Welt tun möchte", sagt die Pionierin auf dem Gebiet der Berufung. Wenn sie zu jener Zeit von Menschen las, die sich für die Umwelt oder für andere Menschen engagierten, bekam sie jedes Mal Gänsehaut. „Als junges Mädchen habe ich die Reise-, Umwelt- und Sozial-Reportagen von Gerd Ruge und Lois Fisher-Ruge sowie das GEO-Magazin gelesen. Da hatte ich immer so eine Art Déjà-vu-Erlebnis, als habe das etwas mit meinem Lebensweg zu tun", erinnert sich Ursula Maria.

Sie wollte Umwelt-Journalistin werden, studierte Geografie, Journalistik und Kommunikationswissenschaften. Schon damals habe sie es nicht nachvollziehen können, wenn Klassenkameraden davon erzählten, dass sie eine Lehre machten, die ihnen überhaupt keinen Spaß bereitete. „Ich dachte: Wie kann man nur etwas machen, nur um Geld zu verdienen? Das muss doch Sinn ergeben und mich innerlich erfüllen", sagt die Beraterin.

Leider ist es auch heute noch häufig so, dass wir uns des Geldes wegen für einen bestimmten Beruf entscheiden. Nicht eine sinnvolle Aufgabe steht im Mittelpunkt unserer Überlegungen, sondern zum Beispiel Prestige, eine gewisse Sicherheit oder die Anzahl der Ferienwochen im Jahr. Wen wundert es da, dass die Zahl der Burnout-Fälle in den vergangenen Jahren stetig gestiegen ist?

Viel früher sollten wir uns selbst fragen, was wir eigentlich wollen, was wir bewirken möchten auf dieser Erde – am besten noch bevor wir ein Studium oder eine Ausbildung beginnen. „Ich bin zu hundert Prozent davon überzeugt, dass jeder Mensch zu irgendetwas berufen ist. Dass es einen Sinn hat, dass es diesen Menschen gibt. Dass jeder einen inneren Ruf hat, etwas in diesem Leben zu geben, etwas zu bewegen. Der Mensch ist ausgestattet mit seinem Herzen, mit Mitgefühl. Er hat einen Teil in sich, der diese Welt verbessern möchte. Und er besitzt so viel Kreativität und Schöpferkraft; er ist dazu geboren, etwas zu erschaffen", sagt Ursula Maria.

Sie selbst machte sich nach ihrem Studium selbstständig als PR-Fachfrau und unterstützte Firmen im Umwelt- und Gesundheitsbereich, die etwas Sinn- und Wertvolles für die Welt machten. „Ich hatte immer nur Kunden, die ihre Berufung lebten, die voll und ganz hinter dem standen, für das sie brannten, für das sie unglaublich viel Einsatz zeigten", sagt die Expertin.

Im Auftrag der Industrie- und Handelskammer begleitete sie später als Coach und Existenzgründungsberaterin Menschen in die Selbstständigkeit. Dabei hat sie zum ersten Mal gespürt, dass es auch

Menschen gibt, die mehr oder weniger nur des Geldes wegen gründen wollen. Dabei habe das ‚innere Feuer' gefehlt. „Dann spürte ich, dass die Geschäftsidee keinen Charme, keine Ausstrahlung und somit auch keine guten Erfolgsaussichten hatte."

Nach einem Jahr in diesem Job fühlte sich Ursula Maria beruflich irgendwie in einer Sackgasse. Die Freude war ihr in ihrem Tun teilweise abhandengekommen. Also nahm sie sich eine Auszeit – und nach wenigen Wochen war ihre Methode ‚geboren', die *Berufungsberatung nach Ursula Maria Lang*®. Es sei wie eine plötzliche innere Eingebung gewesen: „Ich schrieb und schrieb und schrieb." Auf Basis ihres Know-hows als Beraterin in Verbindung mit Bausteinen aus ihrer persönlichen und spirituellen Entwicklung kreierte die Expertin ihre Methode, mit der man herausfinden könne, wozu man berufen ist, was man in der Welt bewegen und bewirken möchte, worin man einzigartig ist, welche Talente man hat und wie man sein Bestes zu einem erfolgreichen Beruf werden lassen könne.

Von 2002 bis 2009 kamen mehrere hundert Kunden zu ihr, mit denen sie ihre Berufung entwickelte. Im Jahr 2009 folgte dann eine umfangreiche Ausbildung in ihrer Methode von Beratern in Deutschland, Österreich und der Schweiz. Seither haben Ursula Maria und die freiberuflichen Berufungsberater, die mit ihrer mehrfach international ausgezeichneten Methode arbeiten, mehr als tausend Menschen zu ihrer Berufung geführt. Die Berufungspionierin aus Herrsching am Ammersee habe schon immer ein inneres Gefühl der Freude und des Glücks gespürt, wenn sie anderen helfen konnte.

Dies habe sich im Laufe ihres Lebens mit ihrer Methode konkretisiert.

Oft haben wir eine vage Vorstellung davon, was uns am besten liegt und wo unsere Stärken sind. Doch meistens folgen wir dieser Spur aus Brotkrumen nicht, sondern gehen einen Weg, den schon viele andere gegangen sind, weil man das halt so macht. Dabei vergessen wir, dass wir alle einzigartig sind und dass der Weg, der für den einen richtig ist, uns vielleicht kreuzunglücklich machen kann. Daraus erwachsen Zweifel, daraus entsteht Angst – und das Selbstvertrauen, so es irgendwann einmal vorhanden war, schwindet. „Eines der schönsten inneren Gefühle ist für mich zu erleben, wenn ein Mensch aus seinem Dornröschenschlaf der Selbstzweifel und der Orientierungslosigkeit erwacht, wenn jemand seinen Wert und seine Einzigartigkeit erkennt, wenn das Gefühl in ihm erwacht, dass er eigentlich immer schon etwas Bestimmtes hat tun wollen, sich aber zum Beispiel nicht getraut hat oder so viel Gegenwind bekommen hat, dass er resigniert hat", sagt Ursula Maria.

Sie erlebt immer wieder, dass Menschen in ihren Vierzigern oder Sechzigern sich endlich richtig fühlen, als das, was sie sind. Oder dass junge Erwachsene feststellen, dass sie viel erreichen können, obwohl sie dachten, dass sie nichts gut genug können oder andere eh besser sind.

In jedem von uns seien Stärken und Talente von Geburt an vorhanden, jeder habe so etwas wie eine Lebensaufgabe. Daher zeigen sich laut der Berufungsexpertin auch damit zusammenhängende Themen und Interessen schon sehr früh in der Kindheit. „Lässt man ein kleines Kind gewähren und schafft ihm eine Umgebung, in der es experimentieren kann, wählt es intuitiv die Bereiche, die den eigenen Stärken entsprechen", sagt Ursula Maria.

Doch leider haben die wenigsten Mädchen und Jungen diese Chance. Die meisten erfahren, dass sie malen sollen, wenn auch die anderen malen. Dass sie zu vorgegebenen Zeiten schlafen, spielen, nach draußen gehen sollen. Und das zieht sich dann durch das halbe Leben: Auch in der Schule wird Struktur statt Freiheit gelehrt. Kinder bekommen dort eine breite Ausbildung, die laut der Expertin zum Teil auch sinnvoll ist, wenn es etwa um Allgemeinbildung, Lesen und Schreiben geht. „Was fehlt, ist jedoch die Talentbildung und -förderung: das Herausfinden der individuellen Stärken jedes einzelnen Kindes."

Mädchen und Jungen, die nur schwer mit der Mainstream-Ausbildung zurechtkommen, fallen durchs Raster, schreiben schlechte Noten und fühlen sich als Versager, wo doch auch sie ganz besondere Fähigkeiten besitzen, die bloß noch nicht entdeckt wurden. „In unserer Berufungsberatung kämmen wir deshalb sehr detailliert die gesamte Lebensbiografie nach Beispielen und Ereignissen durch, in denen unsere Klienten ihrer Persönlichkeit entsprechend Stärken entwickelt haben. In der Potenzialanalyse erkennt man zum Beispiel, ob sich ein Mensch eher in der ersten Reihe in führenden Positionen wohlfühlt oder lieber in der zweiten Reihe als Mitarbeiter und Teamplayer", erläutert Ursula Maria.

Sie deckt weiterhin kommunikative, kreative und soziale Stärken auf, aber auch Affinitäten zu bestimmten Themen und Interessensgebieten. Das schaffe Klarheit und Selbstsicherheit über die bereits bei der Geburt angelegte Persönlichkeit und deren Ausprägung in Stärken und Talenten. Und die Klienten erhielten eine Bestätigung, dass die persönliche Motivation in Bezug auf die Berufung im gesamten Lebenskonzept einen Sinn habe, und richten sich beruflich darauf aus.

Ein Beispiel: Lena hat die Persönlichkeitsstruktur innerer Ruhe, viel Geduld und Einfühlungsvermögen. Von Kindesbeinen an spürt sie eine Affinität zu Tieren, und in ihrer Lebensbiografie bildet sich heraus, dass es schon immer ihr Wunsch war, mit Tieren umzugehen. Aus Vernunftgründen – zu wenig Geld, keine Berufsaussichten – hat sie diesen Berufswunsch allerdings verworfen. Das fördern Analyse und Reflexion im Coaching zutage – und Lena schöpft neuen Mut und gewinnt Selbstvertrauen, weil sie anfängt, ihren Wünschen zu folgen.

Denn: „Arbeiten wir einfach nur, dann ist es so, als würden wir unsere Lebenszeit abspulen, um nachher die Miete zu bezahlen, den Kühlschrank zu füllen oder unsere Krankenversicherung zu bezahlen. So unglaublich viele Menschen leben nur für den Feierabend, für das Wochenende, für den Jahresurlaub", sagt Ursula Maria. „Es kann einfach nicht sein, dass der Mensch meint, nur dafür geboren zu sein, seine Zeit irgendwo abzusitzen, um seinen Lebensunterhalt zu verdienen."

Noch einmal: Für jeden gibt es einen inneren Lebensplan, auch für dich. Auch du bist wertvoll und einzigartig, auch du besitzt besondere Stärken, Talente, Eigenschaften und hast etwas Wertvolles zu geben. „Es gibt so etwas wie einen inneren Bauplan, genauso wie jede Pflanze und jedes Tier, das seine ökologische Nische hat, hat auch jeder Mensch seine ureigenen Anlagen, aus denen er etwas machen kann", sagt die Berufungsberaterin.

Es gilt also herauszufinden: Was kann ich? Was fällt mir leicht? „Wir durchkämmen das ganze Leben nach Ressourcen, wo jemand ganz in seiner Kraft war." In diese Betrachtung fallen unterschiedliche Bereiche: die eigene Biografie, Hobbys, soziale, psychologische und kommunikative Fähigkeiten, die eigene Motivation, sprich: was dich innerlich bewegt und was du bewegen möchtest.

So wie ein Archäologe Bruchstücke zu einem Ganzen zusammensetzt, entsteht in der *Berufungsberatung nach Ursula Maria Lang*® ein vollkommenes Bild, das deine Fähigkeiten, Stärken, deine Motivation und deine ganze Persönlichkeit widerspiegelt. Jeder Baustein wird reflektiert, bis der Klient sagt: „Das ist genau mein Ding."

Mit den Schlüsselbegriffen, die dabei aufgedeckt werden, geht es danach in die Internetrecherche und manchmal auch zur Agentur für Arbeit, mit der Ursula Maria zusammenarbeitet. Dann nimmt der Klient diese Zusammenfassung als sein Berufungs-Profil-Diagramm© mit – ein einzigartiger Überblick über alle für die Berufung relevanten Bausteine, die den Menschen in seiner Kompetenz und Einzigartigkeit erfassbar machen. Dafür wurde die Methode dreimal mit dem Innovationspreis und zweimal mit dem Deutschen Industriepreis für Best of Human Ressources ausgezeichnet.

Kern dieser Methode ist eine tiefgehende Biografiearbeit: „Wir finden bis in die Kindheit alle Stärken und Talente heraus, auch die verborgenen, wir analysieren die Persönlichkeitsstruktur, die Stärken im Sozialen, in der Kommunikation, im logisch-kognitiven Bereich, und wir ergründen die innere Motivation und die persönlichen Interessen sowie das Themenfeld, in dem sich derjenige gern engagieren möchte", fasst Ursula Maria zusammen. „Dies bringen wir zusammen mit den schulischen und beruflichen Kernkompetenzen sowie persönlichen Voraussetzungen und bestehenden Entwicklungsthemen und gestalten daraus ein Berufungsprofil. Anschließend finden wir für dieses Profil einen passenden Beruf auf dem Markt, eine Ausbildung, ein Studium oder eine Weiterbildung, eine Selbstständigkeit oder eine Sinnaufgabe im Alter." Schrittweise erfolgt hiernach die Umsetzung basierend auf den individuellen Ressourcen.

Denn das ist der Punkt: Es gibt einen maßgeschneiderten Lebensplan für jeden von uns – und dieser kann sehr unterschiedlich ausgestaltet sein. Jemand, der andere gern unterstützt, kann je nach seinen Anlagen Krankenschwester, Autor oder Therapeut sein. Jemand, der andere gern begeistert, kann Comedian, Sporttrainer oder Musiker sein. Es gilt, deine ganz individuellen Stärken und Charakterzüge festzumachen, all das, was dich ausmacht. Wenn du auf der Suche nach deiner Berufung bist, stelle dir also ein paar Einstiegsfragen:

Was konnte ich als Kind schon besonders gut?

Was fällt mir besonders leicht?

Was macht mir solch große Freude, dass ich es auch ehrenamtlich tun könnte?

Welche Eigenschaften schätzen andere an mir?

„Wenn wir etwas finden, was zu uns und unserem Lebensweg oder unserer Lebensaufgabe passt, dann spüren wir eine Resonanz: Gänsehaut oder Rührung, Freude oder Aufgeregtheit", sagt Ursula Maria. Achte also auf solche Resonanzen, finde heraus, wo du im Flow bist, sprich: was du stundenlang tun kannst, ohne Langeweile zu verspüren, wo du ganz vertieft bist und dich immer wieder wunderst, wie schnell die Zeit vergangen ist.

Wenn du ein bestimmtes Buch liest oder einen Menschen triffst, der das tut, was du gern tun würdest, nimmst du ebenfalls eine Resonanz wahr. Halte an so etwas fest, das sagt eine Menge über dich aus. Aber auch: „innere Freude, Erfüllung, Glückseligkeit", bemerkt Ursula Maria. Gehe auf Entdeckungsreise und beobachte, in welchen Augenblicken du das Gefühl hast, genau richtig zu sein. Wo deine Tätigkeit nicht anstrengend ist, sondern aus dir herausfließt. „Ist die Berufung zum Beispiel Koch, kann man oft feststellen, dass solche Menschen schon von Kindesbeinen an unglaublich gerne in der Küche mitgeholfen haben und es ihnen leichtfällt, in diesem stressigen Beruf zu improvisieren, während andere dabei Schweißausbrüche hätten", führt die Expertin aus. „Oder ist die Berufung im kreativen

Bereich, dann haben solche Menschen schon in der Kindheit gern gebastelt, gemalt, gewerkelt. Liegt die Berufung im sozialen Bereich, dann konnten solche Menschen immer schon sehr einfühlsam mit anderen umgehen, wurden bei Freundinnen als Vertrauensperson hinzugezogen und sind in der Firma auch Ansprechpartner bei Problemen für Kollegen."

Die eigene Lebensgeschichte sagt ganz viel über die Berufung. Und auch wenn du noch weit davon entfernt bist, das zu leben, was du bist und was du am besten kannst, kannst du schon einmal ein Gespür dafür entwickeln, was sich anfühlt, als wäre es deins. Möglicherweise steckst du in einem Job fest, der dich unterfordert – und nach Feierabend hast du dennoch keine Energie, um deiner Leidenschaft, deinem Hobby nachzugehen. Du hast keine Lust, dich aufzuraffen und etwa zum Sport zu gehen. Du setzt dich einfach vor den Fernseher und lässt dich berieseln, schaust anderen Menschen zu, wie sie Spaß im Leben haben oder erfolgreich sind.

Sobald jedoch auch du etwas tust, das dir Freude bereitet, das dich erfüllt, sei die Müdigkeit schnell weg, sagt Ursula Maria. Hier liege die Eingangspforte zur eigenen Berufung. Genau hier solltest du deiner inneren Stimme folgen und das tun, was dich inspiriert, was dir leichtfällt, was dir Spaß macht. „Auch können wir andere Menschen, die uns ehrliches Feedback geben, fragen, was sie an uns schätzen und in welchen Situationen sie uns in unserer Kraft und Energie erleben. Das sind ebenfalls deutliche Hinweise auf unsere Berufung", erläutert die Expertin.

Seine Berufung allein zu ergründen, hält sie nicht für unmöglich, aber oft für schwieriger als mit einem professionellen Coach oder Berater an seiner Seite. Das liege daran, dass in die Entwicklung einer Berufung viele Dinge hineinspielen. „Es ist ein tiefgreifender Prozess der Selbsterkenntnis, der Stärkung des inneren Selbstvertrauens und der Zusammensetzung aller Bausteine zu einem großen Ganzen – also der Berufung. Und das noch als realem Beruf, mit dem man Geld verdienen können muss. Wichtig ist es auch, einen professionellen Umsetzungsplan zu haben", sagt Ursula Maria.

Gleichzeitig ist sie davon überzeugt, dass am Ende jede Berufung auch ein Beruf sein kann. Jemand, der andere Menschen begeistern möchte und für Extremsport brennt, entdeckt möglicherweise, dass er als Outdoor-Sporttrainer all seine Leidenschaften ausleben kann. Jemand, der kommunikativ sehr stark ist und sich im Rampenlicht sehr wohl fühlt, findet vielleicht heraus, dass er seine Stärken am besten als Pressesprecher entfalten kann.

Aber auch deutlich unkonventionellere Wege sind möglich – je nach Persönlichkeit. Ein Beispiel: Silke Bader sucht nach einer beruflichen Perspektive, in der sie ihre Spiritualität leben kann. Anhand ihrer Biografie und ihrer Berufungsanalyse wird klar: Das Thema Engel spielt für sie eine wichtige Rolle, schon viele Jahre beschäftigt sie sich damit, malt Engelkarten. Heute ist Silke eine bekannte Autorin, Vortragsrednerin und Expertin in diesem Bereich. Bei ihr hat laut Ursula Maria sogar schon ihr Äußeres auf ihre Berufung hingedeutet: „Silke sieht aus wie ein Engel, hat lange blonde Haare, blaue

Augen und ganz helle Haut." Dieser Zusammenhang zwischen Äußerem und Innerem findet sich in anderen Beispielen wieder: in den feingliedrigen Fingern eines Pianisten, in dem drahtigen und sehr beweglichen Körper eines Sporttrainers.

Sicher, das zeigt sich nicht bei jeder Berufung. Doch es gibt hin und wieder Anzeichen, die auf deine von Geburt gegebenen Anlagen hindeuten.

Hast du ein besonders gutes Gehör? Hast du Adleraugen? Erfasst du Stimmungen in einem Raum schnell und eindeutig? Bist du sehr beweglich? Hast du Rhythmus im Blut? Hast du ein besonderes Schönheits- oder Stilempfinden, einen Blick für Bildmotive, einen guten Riecher bei Geschäftsideen anderer Menschen?

Lerne dich selbst besser kennen – das bringt dich deiner Berufung ein ganzes Stück näher. Und verzage nicht, weil du noch nicht soweit bist. Jeder braucht seine Zeit.

Gewiss, bei einigen Menschen scheint es, als machten sie einfach alles richtig, als gelänge ihnen alles. Und vielleicht ist das sogar der Fall, und sie leben ganz automatisch ihre Berufung. Bloß: Vergleiche dich nicht mit anderen, du bist wie du bist: Du bist einzigartig – und so bist du vollkommen in Ordnung. Jene, die ihre Berufung ohne viel Zutun leben, haben einfach eine andere Biografie, sie sind eigenen Impulsen gefolgt, waren und sind authentisch in dem, was sie tun. „Authentische Menschen wirken auf andere wie ein Magnet, und so kommt der Erfolg quasi von selbst", sagt Ursula Maria. Als prominentes Beispiel nennt sie Thomas Gottschalk, der als junger Mann in einem Radiopraktikum entdeckt wurde und durch seine Schlagfertigkeit, die ihn so einzigartig macht, berühmt und erfolgreich geworden ist. „Hätte er das Pech gehabt, in Schule und Elternhaus mehrfach zurückgepfiffen worden zu sein, wäre sein Selbstbewusstsein gekippt in Selbstzweifel. Er hätte sich dann nicht mehr getraut, seine coolen Sprüche rauszuhauen und wäre sicherlich nie entdeckt worden", führt die Berufungsberaterin aus.

Sie stellt oft fest, dass die authentische Persönlichkeit und die mit ihr verbundenen Stärken in bestimmten Schlüsselmomenten bei vielen Menschen unterdrückt worden waren, was dazu geführt hatte, dass derjenige in der Entfaltung seiner Berufung ausgebremst wurde. „Knüpft man an diesen Schlüsselsituationen wieder an, kann man das Potenzial zu neuem Leben erwecken", sagt Ursula Maria.

Und sie bemerkt, dass sich jene, die ihre Berufung nicht leben, häufig nach anderen Menschen richten, darauf hören, was andere ihnen sagen. Das seien Menschen, die eine Berufswahl aus Vernunftgründen treffen oder die sich scheuen, ihr wahres Ich zu zeigen – aus Angst, sie werden nicht akzeptiert oder gar ausgelacht. Denn in ihrer Kindheit oder Jugend haben sie erlebt oder geglaubt, dass das, was sie ausmacht, im Grunde nicht richtig ist, dass sie sich anpassen müssen. Möglicherweise war dies ein sehr peinlicher Moment, der vieles verändert hat. Vielleicht wurdest auch du mit deinen ureigenen Fähigkeiten vorgeführt, bloßgestellt – und hast daraufhin begonnen, sie zu verstecken und so zu sein, wie man es von dir erwartet.

Es ist jedoch wichtig, dich auf deinem Weg gegen andere – auch wichtige – Menschen zu behaupten, deiner Intuition zu folgen und nicht dem Ratschlag der Eltern, die in dir schon einen Lehrer, einen Anwalt oder einen Betriebswirtschaftler sehen. Werden wir in eine bestimmte Richtung gedrängt oder übernehmen wir die Ansichten uns nahestehender Menschen, dann fühlen wir, dass etwas nicht stimmt. Vielleicht hast du also BWL studiert, weil das sicher ist, weil man als Betriebswirtschaftler gutes Geld verdient – und deine Eltern sind sehr stolz auf dich. Dennoch fühlst du dich verloren und zählst die Tage bis zum nächsten Urlaub.

Häufig sind wir blind für unsere eigenen Stärken. Das liegt nicht selten daran, dass wir in einer Umgebung aufgewachsen sind, in der unsere Talente gebremst wurden. Ursula Maria nennt ein weiteres prominentes Beispiel: Wäre Hape Kerkeling in einem Elternhaus groß geworden, in dem Humor, Witz, Temperament und Schlagfertigkeit gerüffelt worden wären, hätte er sich nach und nach immer weniger getraut. ‚Sei nicht so vorlaut', ‚Rede mal lieber etwas Vernünftiges', ‚Lern doch besser Mathe': Wird die eigene Persönlichkeit immer wieder in Frage gestellt, als nicht gut empfunden, nimmt sie Schaden.

Und oft ist es so, dass wir unsere eigenen Talente als gar nicht so besonders sehen. ‚Das kann doch jeder' oder ‚Das ist doch ganz normal' – das hört Ursula Maria immer wieder in ihren Beratungen. Und dann kommt erschwerend hinzu, dass viele zu lange im Hamsterrad gefangen waren, zu lange unter Erfolgsdruck gestanden und den Fokus für das eigene Potenzial verloren haben. Ein Großteil der arbeitenden Bevölkerung macht laut Ursula Maria bloß Dienst nach Vorschrift – und denkt am Arbeitsplatz nicht darüber nach, wie das eigene Potenzial eingesetzt werden könnte. Arbeit werde als notwendiges Übel zum Geldverdienen empfunden, von dem es sich in der Freizeit abzulenken gilt.

Das kann gut gehen. Doch oft genug geht das auch schief. Der Erfolg ist zwar da, doch glücklich fühlst du dich nicht. Dennoch machst du weiter, lenkst dich weiter ab, stolperst von Party zu Party, betäubst dich mit Essen, Schlafen oder Alkohol, lebst von Wochenende zu Wochenende – und wunderst dich, wieso deine Beziehungen scheitern, wieso du keine Motivation hast, stattdessen aber dieses ungute und nagende Gefühl, dass etwas nicht stimmt. Ignorierst du deinen inneren Ruf lange genug, kann es sein, dass sich der seelische Notstand auf körperlicher Ebene zeigt: in einer Krankheit oder einer anderen Krise. Leider fangen viele Menschen erst dann an, über den Sinn ihres Lebens nachzudenken. Dann kommt Ursula Maria zufolge die Frage: **War das wirklich alles?**

Wenn du jedoch ehrlich zu dir selbst bist und einen Weg suchst, wirst du ihn finden. Sicher, es gibt Fälle, da lässt sich die eigene Berufung nicht sofort leben. Eine alleinerziehende und berufstätige Mutter wird möglicherweise ihren Brotjob nicht sofort hinschmeißen können. Ein Alleinverdiener, der seine Familie zu ernähren und einen Autokredit abzubezahlen hat, wird seine Berufung vielleicht nicht von heute auf morgen in einen Beruf verwandeln können. Aber: Auch hier sind erste Schritte möglich. Stunden reduzieren und eine Weiterbildung machen. Oder seine Berufung zunächst als

Hobby ausleben. Oder sie parallel zum bestehenden Job langsam und Schritt für Schritt aufbauen. Dafür braucht es eine gute Strategie und Umsetzungsplanung.

Je mehr du das in dein Leben bringst, was dich ausmacht, umso weniger Zweifel hast du, umso weniger quält dich die Frage nach dem Sinn im Leben. Du denkst nicht mehr, du seist nicht gut genug – du fühlst dich richtig und auf dem richtigen Weg. Weil du einen Mehrwert lieferst, der Welt etwas ganz Besonderes gibst, deine Erfahrungen und deine Talente einsetzt, um etwas zu bewegen. Berufung bedeutet laut Ursula Maria: Sei dein Bestes zur eigenen Erfüllung und zum Wohle aller. Berufung sei mit Selbstwert gleichzusetzen: Selbst und Wert. Daher stelle dir die Fragen:

Bin ich beruflich ich selbst? Kann ich in meinem Job ich selbst sein?

Kenne ich meinen Wert? Fühle ich mich in meinem Job etwas wert?

Hat mein Leben einen Sinn? Tue ich etwas Sinn- und Wertvolles?

Beantwortest du diese Fragen mit ‚ja', lebst du ganz klar deine Berufung. Überwiegt die Antwort ‚nein', wird es Zeit, dich auf die Suche zu begeben.

Praxistipps

Nimm dir ein Blatt Papier und schreibe darauf, was du als Kind besonders gut konntest und wofür du dich damals begeistert hast. Du kannst auch deine Eltern oder Geschwister befragen.

Notiere weiterhin, was du heute gern machst und welche Aufgaben dir leichtfallen. Welche Tätigkeiten erledigst du gern? Gehe dazu in Gedanken verschiedene Situationen zu Hause, auf der Arbeit, im Verein oder im Freundeskreis durch. Bei welchen Aktivitäten fühlst du dich voller Kraft und Energie?

Beantworte für dich die Frage, wofür dich andere Menschen schätzen. Wofür wirst du von anderen gelobt?

Über Ursula Maria Lang

Ursula Maria Lang, Jahrgang 1966, Magister der Kommunikationswissenschaften, ist freie Journalistin, PR-Fachfrau, Autorin, Speakerin, Moderatorin und Expertin für Berufung. Sie entwickelte im Jahr 2002 als Pionierin die nach ihr benannte und wissenschaftlich fundierte Methode *Berufungsberatung nach Ursula Maria Lang*® und leitet ein Unternehmen mit Beratern in Deutschland, Österreich und der Schweiz. Ihre Methode wurde in einer Studie der Universität Heidelberg als professionelle Beratung in Beruf, Bildung und Beschäftigung bestätigt und mehrfach international ausgezeichnet. Inzwischen ist sie Mitinitiatorin und Leiterin des Fachbereichs Berufung der St.-Leonhards-Akademie. Die Expertin möchte Menschen stärken und begeistern, ihre eigene Berufung zu finden und zu leben.

Weitere Informationen sind auf www.ursula-maria-lang.com und auf der Internetseite www.st-leonhards.academy/berufungsberatung zu finden.

2. Akzeptiere dich und deine Situation
Regina Schlager

Das Gefühl, angekommen und gleichzeitig auf dem Weg zu sein. Damit setzt Berufungscoach Regina Schlager das Finden der eigenen Berufung gleich. Wobei das Wort Finden für sie gar nicht so viel Sinn ergibt: „Das klingt so, als würde die Berufung wie ein Päckchen irgendwo fertig bereitliegen", sagt sie – und spricht lieber davon, Berufung zu gestalten. Das sei ein kreativer Prozess, das Lernen gehe jedoch weiter.

Zu dieser Erkenntnis und auch zu der Überzeugung, dass sie sich auf dem richtigen Weg befindet, kam die Österreicherin, die heute in der Schweiz lebt und arbeitet, nach und nach. Sie entwickelte sich, wuchs. Denn nach ihrem Abitur war Regina sehr schüchtern, sehr unsicher, traute sich zunächst nicht zu, studieren zu gehen. Sie arbeitete in einem Reisebüro, bis sie soweit war.

Und das ist ein wichtiger Aspekt in der Persönlichkeitsentwicklung: Sie braucht Zeit. Wir sind alle unterschiedlich, wir nehmen Informationen unterschiedlich auf, wir verarbeiten sie unterschiedlich. Um sich selbst zu erkennen, braucht der eine länger und der andere weniger lang. Reginas Studium war für sie ein wesentlicher Schritt in ihre Selbstbestimmung. Sie machte das, was sie wirklich interessierte, studierte Philosophie, weil sie den grundlegenden Fragen in der Tiefe nachgehen wollte, und Germanistik, in der es darum geht, „wie wir uns die Welt erzählen und welche Ausdrucksformen es jenseits der Alltags- und der Fachsprachen gibt".

Auch wenn sie zu diesem Zeitpunkt noch kein genaues Berufsbild hatte, ließ sie sich voll auf das Studium ein. Nach diesem arbeitete Regina in einem Beratungsunternehmen, konnte ihre Leidenschaft für die Themen Wissen und Lernen in ihre Arbeit einbringen, weil sie im Wissensmanagement und in der Aus- und Weiterbildung tätig war.

Einerseits war sie zufrieden. Andererseits sei es so gewesen, als würde sie ins Büro hineingehen und müsste sich verstellen. Diese Spaltung in eine private Regina und eine berufliche Regina habe an ihrer Energie gezehrt, sagt sie. Sie erlebte ihre Arbeit nicht als sinnvoll und fragte sich: Was tue ich hier eigentlich? Wofür steht die Firma? Entspricht das meinen Werten?

Ihr war klar, dass sie ein Leben in Fülle führen wollte. Und der Beruf spielt da eine entscheidende Rolle, da wir mit ihm sehr viel Lebenszeit verbringen. Doch es dauerte einige Jahre, bis Regina ihren nächsten Schritt tat. Ein Krankenhausaufenthalt sei die Chance für sie gewesen, innezuhalten und sich zu fragen:

Was ist mir wirklich wichtig?

Was brauche ich?

Wer bin ich?

Sie wollte nicht länger wegschieben, dass das Leben kostbar ist. Dass es so schnell vorbei sein kann. „Das war vor zehn Jahren. Dieser Weckruf war der Auftakt zu einer weiten Reise", sagt die Berufungsberaterin. Sie wusste damals, dass sie mit Menschen arbeiten wollte: wertschätzend, auf Augenhöhe. Sie wollte dazu beitragen, dass sich so viele Menschen wie möglich auf ihren Weg machen. Dass sie sich zugestehen, Sehnsüchte zu haben und auf ihre Träume zu hören.

Für ihre eigenen Träume schuf sie den nötigen Raum, absolvierte nebenberuflich Coaching-Ausbildungen, zog in die Schweiz und begab sich sechs Jahre später in die Selbstständigkeit. „Ich weiß, ich bin auf dem für mich richtigen Weg. Ich mache das, was mir wichtig ist. Es fühlt sich stimmig an", sagt Regina. Ihr Beispiel zeigt, dass es eine Weile dauern kann, bis wir soweit sind, unsere Berufung zu gestalten. An uns ist es, Geduld zu haben mit uns selbst und uns die Zeit, die es braucht, zu geben.

Die Sache mit der Lebensaufgabe, der Berufung verdeutlicht die Expertin am Bild eines Baums: „Der Same ruht im Kern. Irgendwie ist es in ihm angelegt, zu einem Apfelbaum heranzuwachsen und nicht zu einem Birnbaum, auch zu keiner Tanne oder Palme. Viele Bedingungen tragen dann dazu bei, ob und wie er sich entfalten kann: Wasser, Licht, die Qualität der Erde. Möglicherweise steht er so dicht neben einem anderen Baum, dass er kaum Platz hat. Kinder ritzen Herzchen in seine Rinde, Stürme brechen seine Äste ab, vielleicht schlägt sogar einmal der Blitz ein. Kaum ein Baum wächst ganz regelmäßig. Seine Einzigartigkeit liegt darin, wie er um seine Verletzungen herum wächst und in seinen ganz spezifischen Anlagen. Das macht seine Schönheit aus."

Machen wir nichts aus unseren ganz individuellen Talenten, können sich diese nicht entfalten – und sie verkümmern. „Ich sehe über die individuelle Perspektive jedes Menschen hinaus noch etwas: Wenn die Welt, das Leben, so etwas ist wie ein farbenfrohes, funkelndes Mosaik, dann trägt jeder als Mosaiksteinchen dazu bei. Fehlt bei einem Steinchen der individuelle Farbausdruck, fehlt das Funkeln, dann ist das Bild nicht ganz, es drückt sich nicht in seinem vollen Potenzial aus", sagt Regina.

Jemand, der sich annimmt wie er ist, der sich selbst treu ist, strahle von innen heraus – auch wenn nicht immer alles leicht ist. Dieser Mensch kann auch andere begeistern. Es ist wichtig, dass wir zuhören lernen, dass wir uns mit uns selbst verbinden, wie es Regina ausdrückt. Also nicht nur überlegen und analysieren, sondern wirklich Neues über uns lernen.

Doch wie fängt man an, wenn man seine Berufung sucht? Wo ist der Ausgangspunkt? Wo beginnt die Reise? Zunächst, sagt Regina, ist es wichtig, sich die aktuelle Lage anzuschauen und in die Vergangenheit zu blicken.

Wie sieht deine momentane Situation aus? Wie war dein (beruflicher) Lebensweg? Was macht dir heute schon Spaß? Womit bist du eher unzufrieden? Welche Lebensträume hattest du früher? Wann ist es dir richtig gut gegangen? Wie hat sich das konkret angefühlt?

Wichtige Fragen, um den Nebel zu lichten. Es gehe bei diesen Fragen darum zu erkennen, dass nicht alles so grau ist, wie es sich derzeit vielleicht für uns zeigt. „Wir erkennen, dass unheimliche

Ressourcen in uns stecken. Es öffnen sich Horizonte", sagt Regina. Für sie hat das Gestalten der Berufung viel mit Lernen zu tun, mit Reflexion und dem Erleben von Gefühlen und Empfindungen. Auch negative Gefühle wie Zweifel, Ärger und Trauer werden auftauchen – und das sei vollkommen in Ordnung. Zweifel, Ängste und weitere unangenehme Gefühle seien ein wertvoller Hinweis. „Sie bringen uns dazu, innezuhalten, in uns zu gehen und darauf zu hören, was uns das sagen will."

Entscheidend sei es, die negative Stimme nicht wegzuschieben wie einen ungebetenen Gast. „Wir werden sie wohl auch nicht mit freudigen Armen empfangen, das wäre wohl etwas viel verlangt. Aber wir können lernen, sie dennoch willkommen zu heißen – als Wegweiser." Im Grunde gebe es keine negativen Gefühle, sie seien bloß mehr oder weniger angenehm für uns und entsprechen lediglich unserem Sein. Statt negative Gefühle zu verscheuchen, beschäftige dich mit ihnen, und du wirst möglicherweise feststellen, dass du dich ein Stück leichter fühlst, erleichtert.

Es ist nicht zielführend, sich selbst, seine Berufung oder sein Glück außen zu suchen: Es ist nicht irgendwo da draußen, in der Welt. Es befindet sich alles in uns. Wir wissen im Grunde die Antworten auf alle unsere Fragen.

Regina geht davon aus, dass jene Menschen, die nach ihrer Berufung suchen und sich dafür Unterstützung holen, bereits kundig sind für ihre eigenen Themen. Bloß nehmen sie sich häufig nicht den Raum, um ihre eigene Welt zu verstehen. „Meiner Erfahrung nach ist es ganz wichtig, den Menschen zu ermöglichen, eine Auszeit zu nehmen", sagt die Expertin. „Sich diese Zeit für sich selbst zu gönnen, das auch ganz bewusst zu zelebrieren. Pausen sind ganz entscheidend. Vor allem dann, wenn jemand sehr hoch getaktet unterwegs ist. Und weil es beim Lernen ganz einfach Pausen braucht, damit das Gelernte verdaut werden kann", so Regina. Um sich selbst mit seinen einzigartigen Fähigkeiten kennenzulernen, helfen ihren Ausführungen zufolge unterschiedliche Fragen:

Was brauche ich, damit es mir wirklich gut geht?

Was will ich wirklich?

Was kann ich gut, und was mache ich gerne?

Worin liegen meine Talente?

Diese Fragen lassen sich erst dann beantworten, wenn wir uns mit uns selbst auseinandersetzen. Wenn wir achtsam sind. Wer unangenehmen Gefühlen nicht aus dem Weg geht, stellt vielleicht fest, dass es ihm hilft, ihnen Raum zu geben. Beim Zeichnen oder Malen etwa, beim Musizieren oder beim Sport.

Klarheit und Platz für Neues könne auch das Aufräumen schaffen: „Wie geht es dir damit, wenn dein Schreibtisch angehäuft ist mit Papierstapeln, Büchern, nicht geöffneten Kuverts und unbezahlten Rechnungen? Dann kleben da vielleicht noch Notizzettel. Und daneben auf dem Boden stapeln sich Schachteln und Kisten. Eigentlich weißt du gar nicht mehr so recht, was da drin ist", führt die Expertin aus. Es gebe für jeden Menschen ein persönliches Maß an Unordnung, das erträglich sei und das manche sogar als förderlich erleben. „Geht es aber darüber hinaus, dann behindert uns Unaufgeräumtes und Unerledigtes. Die Dinge, die sich angehäuft haben, können sehr belastend sein. Wir haben sie permanent im Hinterkopf, wir müssen uns darum kümmern. Wir fühlen uns eingeengt."

Um sich wortwörtlich Raum für Neues zu schaffen, helfe es auszumisten und aufzuräumen. Und das gelte auch für Gedanken und Einstellungen. Welche passen nicht mehr? Welche sind nicht förderlich?

Möglicherweise lebst du mit der Haltung, dass es nur wenige Glückspilze gibt, die ihre Berufung gefunden haben – und dass alle anderen eben Geld verdienen müssen mit weniger spannenden Jobs. Wenn du an diese Einstellung denkst, hast du kein schönes Gefühl, sondern eher ein schlechtes. Du fühlst dich machtlos – und das lähmt dich.

Doch was sagt der Satz ‚Berufung ist Glückssache – und ich habe kein Glück' eigentlich aus? Dass du Zweifel hast und nicht an dich selbst und deine Talente glaubst. Und nun denke an die Menschen in deinem Umfeld, die dem widersprechen würden. Dein Partner vielleicht oder deine Eltern, ein guter Freund. Ihnen würden auf Anhieb mehrere Dinge einfallen, die du gut kannst, bei denen auch du Glück hattest.

Recherchiere Menschen, die ihre Berufung leben – und du wirst feststellen, dass es von ihnen zum einen eine ganze Menge gibt und dass zum anderen ihre Entwicklung zu denen, die sie heute sind, nichts mit Glück zu tun hatte. Stattdessen haben sie auf ihre Fähigkeiten vertraut und Hindernisse aus dem Weg geräumt. Stimmt es also wirklich, dass Berufung nur wenigen Glückspilzen vorbehalten ist? Nein? Dann ist es an der Zeit, sich von dieser Einstellung zu verabschieden.

Loslassen. Das falle vielen nicht leicht, weil wir von klein auf sehr darauf konditioniert seien, uns selbst zu kontrollieren und uns selbst und die Dinge im Griff zu haben, sagt Regina. Vielen fällt es schwer, ihre Talente zu benennen, zu sagen, wo ihre Stärken liegen und so ihre Fähigkeiten anzuerkennen. „Das ist auch kein Wunder, da wir in unserer Kindheit und Jugend oft vermittelt bekommen, nicht eitel zu sein und uns nicht zu sehr hervorzutun. Gleichzeitig wird uns aber auch zu verstehen gegeben, dass wir etwas Besonderes sein sollen, dass wir uns durchsetzen müssen. Das sind Doppelbotschaften, die uns in ein Dilemma bringen."

Der Fokus in unserer Erziehung und unserem Bildungssystem liege nicht auf Fragen, die uns selbst betreffen. „Schon als Kinder fragt uns ja niemand, ob wir wirklich sechs oder acht Stunden täglich in der Schule sitzen und uns mit Inhalten beschäftigen wollen, die mit unserem Leben zu einem großen Teil nichts zu tun haben", bemerkt die Expertin.

Und wenn es dann darum geht, eine Berufswahl zu treffen, sind jene, die mit den vorgegebenen Strukturen gut zurechtkommen, die

Glücklichen. Andere schlagen möglicherweise Wege ein, die eigentlich nicht die ihren sind und fragen sich mit Mitte 30 oder Anfang 40, wie es weitergehen soll. Daher ist es laut Regina zunächst entscheidend, wie wir mit uns selbst umgehen. Dass wir eine freundschaftliche Haltung uns selbst gegenüber einnehmen. Das geht, so die Berufungsexpertin, nicht von heute auf morgen. „Aber wir können es lernen. Und dabei hilft uns Achtsamkeit", sagt sie.

Ein Beispiel: Anna hat eine Entscheidung getroffen, die sie im Nachhinein furchtbar bereut. Sie macht sich selbst große Vorwürfe: ‚Wie konntest du nur? Warum hast du dir das nicht genauer überlegt? Du wirst auch nie gescheiter.'

Sie wird überschwemmt von diesen Stimmen, fühlt sich gefangen. Bleibt sie in diesem Stadium der Selbstvorwürfe, hilft ihr das nicht weiter. Sie wird bei jeder nächsten Entscheidung zögerlich sein. Und sie wird sich wiederum Vorwürfe machen, dass sie nichts tut und so entscheidungsschwach ist.

Was kann sie also tun? Sie kann in einem Moment, in dem solche Vorwürfe auftauchen, kurz innehalten. Aufmerksam werden auf das, was da gerade abläuft. Sie kann sich fragen: Was sind da für (körperliche) Empfindungen, Gefühle, Gedanken? Auf diese Weise entsteht eine Pause. Sie kann relativ kurz sein, vielleicht nur ein paar Sekunden. Aber sie ermöglicht es uns, anders zu handeln als bisher. „Wir sind dann nicht mehr gefangen in einem Muster, das uns automatisch reagieren lässt. Wenn wir aufmerksamer sind für das, was in uns vorgeht, nehmen wir auch im Außen mehr und anders wahr", sagt Regina. Das satte Grün einer Frühlingswiese. Das Stelleninserat, das uns unmittelbar anspricht. Mehr Aufmerksamkeit und mehr Achtsamkeit tragen zur Lebensqualität bei und lassen uns Chancen erkennen, die uns sonst entgehen würden.

Und hier wird wieder deutlich, wie wichtig unsere eigenen Gedanken und Gefühle auch bei der Suche nach der eigenen Berufung sind: Je mehr wir uns mit ihnen auseinandersetzen, umso deutlicher nehmen wir wahr, was sich für uns richtig anfühlt und was nicht. Es ist eine Art Kompass, der uns wissen lässt, ob der Kurs, den wir eingeschlagen haben, noch stimmt oder ob wir eine Kurskorrektur vornehmen müssen.

Wenn du dich also unzufrieden in deinem Job fühlst, wenn du glaubst, in einer ausweglosen Situation zu sein: Schaue sie dir an. Nimm dir Zeit für dich, ergründe deine Ziele und Träume, entdecke deine Talente und Stärken. Hole dir Unterstützung bei deiner Suche.

Eines betont Regina: Sie glaubt nicht, dass sich Berufung eins zu eins mit einem Beruf gleichsetzen lässt. „Berufung nährt auf verschiedenen Ebenen", sagt sie. Sicher haben viele Menschen den Wunsch, von der Berufung auch finanziell leben zu können. Und aus den unterschiedlichsten Talenten und Dingen, für die wir uns begeistern, kann nach Worten des Coaches eine berufliche Laufbahn entstehen. „Aber nicht notwendigerweise. Manche streben das auch gar nicht an."

Ein Beispiel: Max hat ein Talent fürs Klavierspielen. Er tut das liebend gern. Wenn er spielt, kann er anderen Menschen Freude bereiten. Er möchte nicht darauf verzichten. Das Klavierspielen gehört also wesentlich zu ihm und seinem Leben. Und er hat einen Job in einer Bank, mit dem er sein Geld verdient. Vielleicht fängt Max an, in einer Band zu spielen oder tritt als Solist auf. Das tut er allerdings ohne finanziellen Druck.

Und das ist der Punkt: Es ist wichtig, den Druck von sich zu nehmen. Nicht den Business-Ideen und Geschäftsmodellen anderer Menschen nacheifern zu wollen, nur um irgendwie Geld zu verdienen. Es geht um die eine Frage: **Was willst du?**

Jeder von uns ist einzigartig. Und jeder muss seinen eigenen Weg finden und gehen. Vielleicht ist Max der Typ für die Bühne, vielleicht spielt er aber auch einfach nur gern Klavier in seiner Freizeit. Oder er reduziert seine Stunden im Büro, um mehr Zeit für seine musikalische Leidenschaft zu haben. Menschen lassen sich nicht in Muster pressen.

Wenn du deine Berufung zum Beruf machen willst, weil das dein Herzenswunsch ist, gibt es dafür verschiedene Möglichkeiten. „Bei vielen Menschen ist es wichtig, an den eigenen Glaubenssätzen zu arbeiten, die oft einschränkend wirken. Oft stehen wir uns selbst im Weg", sagt Regina.

‚Ich bin nicht gut genug', ‚In meinem Alter kann ich keinen Neubeginn wagen' – solche Sätze schwirren in den Köpfen der meisten von uns herum. Und solche Überzeugungen können wir hinterfragen, indem wir zum Beispiel Beweise für das Gegenteil sammeln. „Dann gilt es, in jedem individuellen Fall herauszuarbeiten, welche Möglichkeiten es gibt. Man kann neben der derzeitigen Berufstätigkeit mit Projekten beginnen und so Erfahrung, Selbstvertrauen und Kontakte gewinnen", sagt die Fachfrau. „Man kann mit Menschen sprechen, die etwas Ähnliches machen, wie das, was man selbst anstrebt."

Es gebe auch bei der Arbeitsform nicht nur ein Entweder-oder. Man muss aus der Anstellung nicht in eine hundertprozentige Selbstständigkeit hinein. Man kann eine Mischform für sich wählen, etwa mit einer Teilzeitanstellung. „Unser Leben ist nicht mehr so normiert, wie das noch für unsere Großeltern der Fall war", sagt Regina. Sie bemerkt immer wieder, dass viele Menschen den Eindruck haben: Wenn sie sich für eine Ausbildung oder einen Beruf entscheiden, dann sind sie ihr Leben lang darauf festgelegt. Doch wir entwickeln uns ständig weiter – und während es für den einen genau das Richtige ist, sich vom PR-Trainee zum Senior-Berater hochzuarbeiten, entdeckt der andere vielleicht, dass in ihm noch andere Fähigkeiten schlummern, und entscheidet sich mit Ende dreißig für einen Richtungswechsel.

Es geht um die Frage, was sich für dich – nicht für deinen Partner, nicht für deine Eltern oder deine Kinder – gut und richtig anfühlt.

Erforsche neue Wege des Arbeitens, knüpfe Kontakte zu Menschen, die auf der Suche nach ihrer Berufung sind oder sie schon leben. Es sei wichtig, sich gegenseitig zu stärken und zu ermutigen. „Nur gemeinsam können wir wirklich Neues gestalten", sagt Regina. Deshalb hält sie Beziehungen für entscheidend, wenn es um die eigene Lebensaufgabe geht. Und manchmal sind schmerzliche Trennungen vonnöten, wenn wir unseren eigenen Weg gehen wollen.

Wenn wir in uns hineinhören und uns genug Zeit lassen, wissen wir meist sehr genau, was wir brauchen und was nicht. Wir stellen fest, dass da etwas zum Vorschein kommt, ein Gefühl, eine Ahnung. Diese kann sich zu einem Beruf verfestigen oder weiterentwickeln zu etwas, das wir noch gar nicht in Erwägung gezogen haben. „Die Berufung kann vielfältige Formen annehmen. Ich arbeite jetzt als Coach. Vielleicht gründe ich einmal eine Art Schule, in der sich Menschen mit grundlegenden Fragen beschäftigen und miteinander vernetzen. Vielleicht inspiriere und unterstütze ich andere künftig hauptsächlich als Autorin", sagt Regina. Es gilt, offen zu sein für das, was noch kommt. Die Berufung, das ist für die Expertin ein Weg, der im Grunde das ganze Leben andauert.

Praxistipps

Betrachte einmal deinen bisherigen Weg und schreibe die wichtigsten Stationen auf: Wo hast du bisher (beruflich) gemacht? Womit bist du heute schon zufrieden und was gefällt dir weniger? Was macht dir heute schon Spaß und was würdest du gern ändern?

Schreibe weiterhin auf, was du brauchst, damit es dir gut geht. Worauf kannst und willst du nicht verzichten? Das können Dinge, aber auch bestimmte Tätigkeiten sein. Was machst du mit Freude, ohne dass dir langweilig wird? Wo liegen deine Talente?

Unaufgeräumtes und Unerledigtes kann dir im wahrsten Wortsinn die Sicht nehmen. Also: Nimm dir einen Nachmittag Zeit und räume zum Beispiel deinen Schreibtisch oder deinen Kleiderschrank auf. Sortiere aus, was du nicht brauchst.

Über Regina Schlager

Regina Schlager ist zertifizierter Berufungscoach, Autorin und Philosophin. Die Österreicherin, die jetzt in der Schweiz lebt, unterstützt Menschen dabei, ihr Arbeitsleben sinnvoll zu gestalten und der Welt ihren einzigartigen Beitrag zu schenken. Mit holistischen Lernräumen ermöglicht sie, es neue Arbeits- und Lebensmodelle zu erkunden und mutig mit dem Herzen zu führen. Sie ist Gründerin und Organisatorin der ersten Online-Berufungskonferenz, schreibt regelmäßig in ihrem Blog und gibt den Podcast *Berufung gestalten. Selbst, Sinn, Leadership* heraus.

Wegweiser, wie du deine Berufung lebst und in deine Führungskraft kommst, sind auf www.reginaschlager.ch zu finden.

3. Kläre für dich wichtige Fragen
Lydia Sophia Wilmsen

Auf der Suche nach ihrer Berufung war Lydia Sophia Wilmsen im Grunde nie. Das habe sich einfach von selbst ergeben, auch wenn die Bedingungen dafür vor einigen Jahren nicht die besten waren. „Ich bin in einer katholischen Gruppierung mit engen Strukturen aufgewachsen, habe nach verschiedenen ungeschriebenen Gesetzen gelebt, sodass doch stark vorgegeben war, wie ich sein und mich verhalten sollte", sagt der Coach. Erst nachdem sie diese Gemeinschaft verlassen hatte, fing Lydia an, ihre Persönlichkeit zu entwickeln. Sie beschäftigte sich viel mit Psychologie und Spiritualität, stellte sich plötzlich Fragen, die vorher nie aufgetaucht waren: Was macht mich aus? Was will ich wirklich im Leben?

In der katholischen Gemeinschaft hatte sie eine Hauswirtschaftslehre abgeschlossen und durchaus nützliche Dinge gelernt – ihr Traumberuf war das jedoch bei Weitem nicht. Ihr war immer klar gewesen, dass sie später studieren würde. Also holte Lydia ihr Abitur nach, ging ins Ausland, weil sie spürte, dass sie das für sich machen musste. „Es war nicht nur eine rationale Entscheidung, es war der nächste Schritt in meinem Leben, damit ich mich weiterentwickeln konnte", sagt sie.

Der innere Ruf, der innere Drang – die Beraterin hörte immer mehr darauf und weniger auf ihr Umfeld. Ihre Eltern schlugen Medizin vor, doch Lydia entschied sich für Geografie. „Das hat mit Raum, Umwelt und Mensch zu tun", sagt sie, das habe sie unbedingt machen wollen. Doch die späteren Arbeitsfelder waren wiederum nicht ihr Fall.

Also arbeitete die junge Frau im IT-Bereich. Ein wenig beschreibt ihr Weg Zickzacklinien. „Aber das gehört dazu. Jede Erfahrung auf dem Weg zahlt auf das Wissens-, Lebens- und Erfahrungskonto ein", stellt sie fest.

Von einer Art Fremdbestimmung gelangte sie nach und nach in eine Selbstverantwortlichkeit, entwickelte sich wie ein Schmetterling. Es folgte eine Ausbildung zum Coach und zur Beraterin, mehr und mehr folgte die Expertin ihrem Bauchgefühl, mehr und mehr entdeckte sie, dass es ihr großen Spaß bereitet, mit Menschen zu arbeiten. Sie zu befähigen, etwas zu verändern.

Und dabei dürfen wir uns ruhig Zeit lassen, sagt Lydia. Es sei widersinnig, von einem jungen Erwachsenen, der gerade sein Abi gemacht hat, zu erwarten, er müsste sofort wissen, welchen Beruf er ergreifen will. „Die Berufung muss nicht morgen fertig sein", sagt die Beraterin. Und bei vielen Menschen erschließt sich die Berufung erst in ihren Dreißigern, weil sie bis dahin beispielsweise einen klassischen Beruf ausgeübt haben und nun nach einigen Jahren in diesem Job merken, dass er doch nicht das Wahre ist. Dass es doch mehr da draußen geben muss als einen durch den Arbeitgeber getakteten Tagesablauf.

Mit ihrer eigenen Erfahrung, ihrem Weg, der nicht linear verlief, hilft Lydia anderen Menschen, ihre Berufung zu finden. Und sie stellt fest, dass viele Menschen bereits so etwas wie eine Ahnung haben, ein Gefühl davon, was das genau Richtige für sie sein könnte. Viele möchten etwas bewirken in der Welt. „Dafür haben sie oft ein Gefühl, doch sie wissen nicht, wie sie es umsetzen können", sagt Lydia.

Dann gilt es, dieses Gefühl zu stärken, hervorzuheben. Meistens sei ein angeknackstes Selbstbewusstsein verantwortlich dafür, dass wir nicht auf unsere innere Stimme hören, nicht dem vagen Gefühl folgen oder es nicht benennen können. „Das können große Hindernisse im Kopf sein, welche die Menschen abhalten", sagt die Expertin.

Sie berichtet von einer Klientin, die innerlich sehr zerrissen war zwischen der Überzeugung, dass sie ihren ganz normalen Job machen müsste, und dem Wunsch, etwas Eigenes auf die Beine zu stellen. Nach und nach entwickelte sie Vertrauen in sich und ihre Fähigkeiten, reduzierte ihre Stunden im Hauptjob und konzentrierte sich verstärkt auf ihr eigenes Business: eine Manufaktur für vegane Kekse. Dieser Prozess war ein Hin und Her und hat sich laut Lydia über einen längeren Zeitraum hingezogen.

Manchmal müssen wir erst innere Probleme beheben und für uns selbst einen Kurs festlegen. Nicht jeder hat das Verlangen, ein eigenes Unternehmen aufzubauen und selbstständig zu sein. „Manchmal geht es auch darum, dass du in deinem Job gelassener wirst und von einem ‚Ich muss das machen' wegkommst, dass du schaust, was DU brauchst", sagt Lydia. Ihr Motto ist: mehr Entspannung. „Lasse dem Ganzen Zeit, sich zu entwickeln. Es geht nicht darum, am nächsten Tag durchzustarten, sondern Dinge für dich klarzubekommen, gelassener zu werden."

Wie das am besten geht? Indem du in deine Vergangenheit schaust und auf die Strukturen, die in dir wirken. Es kann sein, dass du eine konkrete Idee hast, aber nicht startest – etwa wegen alten Verpflichtungen deinen Eltern gegenüber. „Einige Menschen haben in ihrem Unbewussten verankert, dass sie nicht erfolgreicher werden dürfen als ihre Eltern oder dass sie sich um sie kümmern müssen und keine Zeit in sich selbst investieren dürfen", erläutert Lydia. Solche Verstrickungen hilft sie aufzulösen.

Und auch wenn du vollkommen planlos bist und bloß das Gefühl hast, dass es so nicht weitergehen kann, dass dein Job die Hölle ist oder zumindest der Vorhof dazu: Nimm dein Gefühl wahr, lenke dich nicht davon ab, sondern kläre für dich, was in dir ist, welche Wünsche und Träume du hast, was du in deinem Leben gern erreichen würdest. „Viele Menschen sind sehr damit beschäftigt, sich zu beschweren und zu beklagen, wie blöd alles ist. Aber sie schauen nicht, was das mit ihnen zu tun hat und was sie selbst ändern können", sagt die Expertin.

Deswegen: Werde dir der Tatsache bewusst, dass die Situation, in der du dich befindest, mit dir zu tun hat. Du hast Entscheidungen getroffen, die dich in diesen Job gebracht haben. Und es ist nicht der strenge Chef, es sind nicht die nervigen Kollegen, die die Schuld an deiner Misere tragen. Wenn dies wirklich das einzige Problem ist, dann kannst du versuchen, gemeinsam mit ihnen eine Lösung zu finden – oder einen anderen Job.

Doch in den meisten Fällen fehlt einfach die Leidenschaft im Beruf, das Vergnügen bei der Arbeit. „Du weißt nicht, wofür du brennst. Du weißt nicht, wofür du arbeitest. Dir fehlt der Bezug zu dem Produkt, das deine Firma herstellt. Deshalb fangen Leute an, alles zu hinterfragen", sagt Lydia. Und das kann sich auf unterschiedliche Lebensbereiche auswirken: auf Beziehungen, auf die eigene Motivation und Freizeitgestaltung, nicht zuletzt auf die Psyche.

Also: Starte mit einer Innenschau, gönne dir Ruhe, meditiere, gehe raus in die Natur, setze dich auf eine Bank, und lasse einfach nur deine Gedanken vorbeiziehen. Davor haben viele Menschen Angst, sie können die Stille nicht ertragen, weil sie sich davor fürchten, was in ihnen sein könnte. Doch wenn du bereit bist, an dir zu arbeiten: Richte dir jeden Tag Momente der Stille ein, schau dir deine Gefühle an. Bist du gerade gut drauf? Fröhlich? Oder bist du traurig? Warum ist das so?

Die Innenschau erfordert ein wenig Übung und Geduld, vor allem, wenn du dich bisher überhaupt nicht mit deinen Gedanken und Gefühlen auseinandergesetzt hast.

Wenn du empfindest, dass da gar nichts in dir ist, schließe die Augen und schau im Geiste, welche Bilder entstehen. Vielleicht ist anfangs alles schwarz und dunkel. Doch wenn du einfach nur ruhig sitzen bleibst, merkst du, dass du eine Wiese siehst, eine Sonne und einen See. Laufe nicht weg vor deinen Gefühlen und Gedanken, sie sind ein wichtiger Teil von dir, dein Kompass. Es sei wichtig, seinem Innenleben einen Namen zu geben, sagt Lydia. Sie betrachtet in ihrer

Arbeit auch, was Gefühle und Gedanken mit dem Umfeld ihrer Klienten zu tun haben und knüpft an deren Erinnerungen an. Es sei ein Forschungsprozess. Und bei diesem sei viel Ruhe nötig, um sich den inneren Blockaden und Hürden zu nähern, die in uns wirken. „Oft sind das sehr emotionale Momente, wenn zum Beispiel eine Frau feststellt, dass sie in den vergangenen zwanzig Jahren das Leben ihrer Mutter gelebt hat", erläutert die Expertin.

Glaubenssätze kommen auch ins Spiel, wenn es um die eigenen Stärken und Fähigkeiten geht. Das, was wir am besten können, ist für uns oft selbstverständlich. Was wir schon das ganze Leben tun, was uns Spaß macht, worin wir geübt sind – darüber denken wir Lydia zufolge nicht viel nach. „Es ist für dich so natürlich, dass du denkst, das ist es für jeden anderen auch", sagt sie. Zusätzlich vergleichen wir uns häufig mit anderen und halten sie für besser, uns selbst für nicht gut genug. Dies hänge unter anderem mit Strukturen zusammen, in denen wir aufgewachsen sind: Viel Druck seitens der Eltern kann eine Atmosphäre der Unterdrückung schaffen. Und dann sei es auch noch abhängig vom jeweiligen Typ oder Charakter, wie wir uns entwickeln: Der eine zieht sich in eng gefassten Strukturen in sein Schneckenhaus zurück, der andere rebelliert und eckt noch mehr an. Es gilt also herauszufinden:

Wer bist du?

Wie ist dein Naturell?

Und: Was kannst du am besten?

„Die meisten haben ein Hobby oder etwas, das sie gern machen. Wenn du deinen Tag durchgehst, deinen Urlaub oder besondere Events: Wann bist du glücklich in deinem Leben?", fragt Lydia. Wenn du dich auf die Suche nach Antworten machst, denke nicht darüber nach, ob dein Hobby sinnvoll oder eine gute Möglichkeit zum Geldverdienen ist. Schaue einfach, was da ist: Vielleicht strickst du gern und hast dafür sprichwörtlich ein Händchen. Oder du besitzt eine eiserne Geduld und puzzelst für dein Leben gern. Möglicherweise entspannst du dich am liebsten, indem du in die Luft guckst und vor dich hinträumst – dann bist du jemand mit einer reichen inneren Welt.

Diese Aufzählung zeigt es schon: Auch die einfachste Freizeitbeschäftigung verrät etwas über deine Persönlichkeit. Jemand mit einer Engelsgeduld entdeckt vielleicht, dass er gern mit Kindern arbeitet. Jemand mit einer blühenden Fantasie kann Geschichtenerzähler werden. „Wenn man nicht in klassischen Berufen denkt, sind das ganz wichtige Qualitäten", stellt Lydia fest.

Doch auch das ist wieder einen Schritt zu weit. Es geht darum, an deinen Gefühlen festzumachen, was deins ist. Womit du dich wohl fühlst. „Bei welchen Fähigkeiten oder Aufgaben bist du glücklich? Bei welchen Gefühlen oder welchem Wetter?", fragt die Expertin. Bist du beispielsweise auch bei Regen gern draußen und läufst durch Matsch? Dann könntest du so etwas wie Urlaub für Kinder anbieten, bei dem ihr mit Matsch spielt. „Mit allem lässt sich etwas machen", ist Lydia überzeugt. Frage dich:

Was begeistert mich?

Wie soll mein Leben sein?

Welche Vision habe ich?

Je klarer du das für dich definierst, umso näher bist du an deiner persönlichen Zufriedenheit, an deinem Glück, deiner Berufung, sagt Lydia. Sie rät, Freunde, Familie und alte Arbeitgeber zu fragen, wofür sie dich schätzen. Sie stoßen dich vielleicht auf ein Talent oder eine Charaktereigenschaft, die dir bisher vielleicht gar nicht aufgefallen ist.

Seine Berufung zu finden, sei ein vielfältiger Prozess, weil er so individuell ist. „Es gibt keine Pille namens Berufung", sagt die Expertin. Vielmehr geht es darum, seinem Bauchgefühl zu vertrauen, zu schauen, ob sich eine Idee und deren genaue Vorstellung gut anfühlt. Für den einen ist dies das Beraten von Menschen, die ihre Fitness verbessern wollen, für den anderen das Erzählen von Geschichten auf Hochzeiten.

Auch sei es wichtig, jemanden an deiner Seite zu haben, der dich spiegelt, der durch einen Blick von außen Impulse gibt und eine anfangs vielleicht noch vage Idee durch Begleitung und gezielte Fragen zu einem Geschäftsmodell reifen lässt.

Der Blick von außen sei auch deshalb entscheidend dafür, schwierige Glaubenssätze wie: ‚Ich bin zu schlecht' oder: ‚Das haben doch schon tausend andere Leute gemacht', erkennen und auflösen zu können. Du solltest das Positive in deinem Leben suchen, lasse negative Gedanken und Worte nicht das Ruder übernehmen.

Das gilt auch für den Umgang mit anderen Menschen: Wer schlecht über andere redet, fühlt sich meist selbst minderwertig und kompensiert das, indem er sich über jemanden hebt. Oft sagen wir: ‚Er hatte bloß Glück' oder: ‚Sie hat das Geld dafür von ihrem Mann bekommen' – und versetzen uns selbst in ein Gefühl von Machtlosigkeit. Es ist wichtig zu verstehen, dass du die Kontrolle hast: die Kontrolle über deine Gedanken, deine Worte, deine Taten, dein ganzes Leben. Und wenn du etwas wirklich erreichen willst und an dir arbeitest, steht dir die Welt offen. So einfach ist das.

Übernimm Verantwortung für die Entscheidungen, die du bisher getroffen hast, und alles, was du sagst und tust. Du hast in jedem Moment deines Lebens die Wahl, wie du dich fühlen und wie du sein möchtest.

Möglicherweise ist der Leidensdruck in deinem Job noch nicht groß genug, sodass du immer noch fünfzig Stunden in der Woche arbeitest. Die Kollegen sind ja so nett … Du hast vielleicht eine mehr oder weniger konkrete Idee für ein Produkt, das du gern entwickeln und verkaufen würdest. Aber dafür braucht es Zeit und Geld. Und davon hast du einfach nicht genug. Bei den anderen sieht alles so einfach aus, bloß bei dir will es einfach nicht klappen.

Mache dir bewusst: Wenn du nichts änderst, wirst du in genau der Situation bleiben, in der du jetzt bist. Du wirst weiterhin deinem

‚normalen' Job nachgehen, nach und nach deine Produktidee vergessen und dich als Rentner fragen, was gewesen wäre, wenn … Verharre nicht in Untätigkeit, fange einfach an. „Man kann seine Berufung anfangs auch in Teilzeit leben. Es gibt unendlich viele Möglichkeiten", betont Lydia. Du musst es nur wollen. Nimm dir jeden Tag nach Feierabend eine Stunde, um deinem Hobby nachzugehen oder deine Idee weiterzuentwickeln. Setz dich am Wochenende hin, und überlege, wie es weitergehen kann, was deine Prioritäten sind und wie du leben möchtest. Werde dir selbst klar darüber, wie dein Leben aussehen soll. **Was willst du eigentlich?**

Probiere Dinge aus, falle auf die Nase, auch das kann deiner Entwicklung förderlich sein, nur sitze nicht untätig da, und beschwere dich darüber, wie schlecht die Welt ist und wie gut es doch die anderen haben, die Glücklichen. Du kannst einer von ihnen sein, wenn du es willst. „Auf dem Sterbebett wirst du bereuen, was du NICHT getan und NICHT gewagt hast", sagt Lydia. Du wirst betrauern, dass du deinem Bauchgefühl nicht gefolgt bist. „Es geht nicht so sehr um das Wie, sondern eher um die innere Ausrichtung. Wenn die immer klarer wird, du erstmal eine Vision hast, beispielsweise die Vision, ein Buch zu schreiben, dann legst du einfach los und irgendwann ist es fertig", führt die Beraterin aus.

Einfach loslegen, machen, anfangen. Alles Weitere zeigt sich auf dem Weg. „Es kommt immer darauf an, was du aus deiner Situation machst, wie du sie neu und kreativ nutzt. Es kommt auf deine Sicht der Dinge an", sagt Lydia. Selbst Verbrecher, die im Gefängnis sitzen, fangen von vorn an, machen eine Ausbildung hinter Gittern oder schreiben ein Buch. „Man kann so unendlich viel machen", betont die Expertin. „Für dich ist das möglich, was DU für möglich hältst."

Praxistipps

Viele tiefergehende Fragen wirst du für dich erst beantworten können, wenn du dir Ruhe gönnst. Fange klein an – zum Beispiel mit 15 Minuten täglich, die du in Stille verbringst. Ohne Musik, ohne Handy, ohne andere Ablenkungen.

Frage dich, während du einen Moment der Stille einlegst, wie es dir gerade geht. Fühlst du dich gut und ausgeglichen? Oder ist da eine Unruhe, die ein ungutes Gefühl verursacht? Was ist der Grund für dieses Gefühl?

Suche nach Situationen in deinem Leben, in denen du zufrieden oder glücklich bist. Welche sind das? Halte deine Gedanken dazu auf einem Blatt Papier fest. Schreibe zudem auf, wie dein Leben aussehen soll. Wie möchtest du arbeiten? Wo möchtest du leben?

Wenn es etwas gibt, das du gern machst, ein bestimmtes Hobby vielleicht, dann nimm dir dafür nach Feierabend Zeit. Blocke dir beispielsweise eine Stunde und beschäftige dich mit dem, was du gern tust. Wenn du Familie hast: Sprich mit deinen Lieben und finde mit ihnen einen Kompromiss.

Über Lydia Sophia Wilmsen

Lydia Sophia Wilmsen ist Coach, Mentorin und Beraterin. Sie begleitet andere Menschen, ihrer Berufung zu folgen und ihre Träume zu leben.

Auf www.lydiawilmsen.de gibt sie Tipps dazu, wie du deine Ziele erreichst und Erfolg lebst.

4. Sei kreativ
Heike Thormann

Für Heike Thormann, Trainerin, Autorin und Publizistin, ist die Berufung oder Lebensaufgabe eng an das Potenzial geknüpft, das jeder von uns bereits in sich trägt. Zudem beeinflusst uns auch der Teil der eigenen Persönlichkeit und des eigenen Lebens, der unsere Bedürfnisse widerspiegelt, der uns motiviert, antreibt, erfreut und erfüllt. Bei Heike zeigte sich das schon recht früh: Mit vier Jahren konnte sie lesen, mit fünf Jahren schreiben. Als Siebenjährige gab sie ihr Schulwissen an ihre Cousins weiter, als Achtjährige half sie ihren Mitschülern. Es war ihr ein Bedürfnis, ihre Fähigkeiten einzusetzen: lesen, sich dadurch Wissen aneignen, schreiben, ihr Wissen weitergeben.

Das alles tut sie auch heute noch: Sie liest und schreibt, sie lernt und lehrt. „Es macht mir Freude, Wissen zu vermitteln und anderen zu helfen", sagt Heike. Sie verrät, wie wir unsere Berufung auf kreative Art finden, wie wir durch das Schreiben oder Malen den Blick für das schärfen, was uns wichtig ist.

Wenn Heike zurückschaut, war ihre Bestimmung immer schon da. Sie hat sich wie ein roter Faden durch ihr Leben gezogen. Und diesem Faden ist sie gefolgt, meistens unbewusst. Wenn sie das tat und in die Richtung ihrer Bestimmung wanderte, hatte sie immer ein gutes Gefühl. „Es fühlte sich rund an, tief im Bauch spürte ich Zufriedenheit", sagt sie. Sie tut heute das, was sie ausmacht, was sie antreibt, glücklich macht. Es fühlt sich für sie richtig an, stimmig. Keine Zweifel, sondern Erfüllung.

Nun könnte ein Skeptiker einwenden, dass Heike es besonders leicht hatte. Doch das ist so nicht korrekt. Erst in der Rückschau, mit mehr als zwanzig Jahren Erfahrung, ist der rote Faden in ihrer Biografie zu sehen. Über weite Teile ihres Lebens sah ihn die Autorin und Trainerin nicht. Sie hatte keinen bewussten, reflektierten Kontakt zu sich selbst. Auch sie hatte mit Schwierigkeiten zu kämpfen: Vor knapp zwanzig Jahren saß sie zum Beispiel im Bad ihrer Studentenwohnung, die Tränen liefen ihr übers Gesicht, weil sie verzweifelt war angesichts des Gedankens, sich einen vernünftigen Job suchen zu müssen, um Geld zu verdienen. Ihre Fehler damals:

Sie nahm ihre eigenen Gefühle nicht ernst. Sie suchte nicht nach Lösungen, weil ihr das Bewusstsein und das Wissen für Lösungen fehlten. Sie wollte Autorin sein, doch trotz ihrer Intuition hatte Heike verinnerlicht, dass man vom Bücherschreiben nicht leben kann.

Heute tut sie genau das, weil sie ihre Stärken erkannt, ihre Schwächen überwunden oder an ihnen gearbeitet hat. Zudem brauchte es Vorbilder in Heikes Leben und so etwas wie Zufälle, die ihr neue Möglichkeiten gezeigt haben. Deshalb hat ihre Entwicklung auch einige Zeit in Anspruch genommen und verlief im Zickzackkurs. „Es war wie ein Stochern im Nebel mit bestimmten Impulsen, Bedürfnissen und Sehnsüchten im Kopf", beschreibt Heike den Prozess.

So wie ihr geht es auch heute noch vielen Menschen. Ihnen fehlen die Vorbilder und das Wissen. Gerade Arbeiterkindern, die deutlich seltener studieren und Karriere in der Wissenschaft oder Wirtschaft machen, werden andere Werte und Kenntnisse vermittelt als Kindern anderer – höherer – sozialer Schichten. Der Nachwuchs – ob nun von Handwerkern und Verkäufern oder Friseuren auf der einen oder von Lehrern und Unternehmern auf der anderen Seite – wird auch in beruflicher Hinsicht familiär geprägt. Arbeitereltern raten ihrem Nachwuchs selbst bei guter Schulbildung zu handfesten, soliden, grundehrlichen Berufen. Im Gegenzug haben Akademikereltern ein großes Interesse daran, dass ihre Kinder studieren und schubsen sie in diese Richtung.

So entscheiden wir uns auf unserem Weg mitunter für Ausbildungen oder Studiengänge, die nicht wirklich zu uns passen – und wundern uns Jahre später, wieso uns der Job nicht glücklich macht. Jeder von uns hat eine Geschichte, eine Vergangenheit. Bei einigen scheint es deutlich schwerer, diese hinter sich zu lassen, um die Berufung zu leben. Da ist vielleicht eine alleinerziehende Mutter, die sich zuallererst um das Wohl ihrer Kinder kümmern will und ihre eigenen Bedürfnisse hintanstellt. Da ist möglicherweise ein junger Mann, der sich nicht von den Erwartungen seiner strengen Eltern lösen kann und einen Berufsweg einschlägt, der nicht der seine ist.

Es gibt unzählige Beispiele für schwierige Verhältnisse oder Ausgangssituationen. Und es gibt genauso die unterschiedlichsten Ausprägungen für Bestimmung. Für manche besteht sie darin, im Beruf möglichst unabhängig zu arbeiten. Dann gibt es Menschen – zumeist Frauen –, die sich etwa aus tiefstem Herzen Kinder wünschen. Und diesen Wünschen gilt es zu folgen, denn sie gehören zu uns, sie machen uns aus, sie sagen, wer wir sind und wie wir leben wollen.

Ignorieren wir sie, kann uns das nach Worten Heikes ein Leben lang leiden lassen: „Wer ein inneres Sehnen verspürt, würde gegen seine eigene Natur handeln. Das kann das Leben, die Lebensqualität, das Glück eines Menschen stark beeinträchtigen."

Stelle dir vor, du liegst auf dem Sterbebett. Frage dich: Habe ich getan, was ich tun wollte? Habe ich getan, wofür ich geboren wurde? Lautet die Antwort ‚nein', ist es an der Zeit, etwas zu ändern.

Letztlich wissen wir selbst am besten, ob wir unser volles Potenzial leben, ob wir glücklich sind. Auch ein Mensch, der jeden Morgen ins Büro geht und den Anweisungen seines Vorgesetzten folgt, kann dennoch das Gefühl haben, angekommen zu sein. Weil sein Naturell so ist, dass er feste Strukturen braucht, eine Ordnung, eine Art Sicherheit.

Wer aber das Sehnen nach etwas anderem, nach der eigenen Berufung, verspürt, tut sich nicht selten körperliche oder seelische Gewalt an, wenn er diesem Drang nicht nachgeht oder nicht nachgehen kann. Auch das kann unterschiedliche Ausprägungen haben: Der eine versinkt in Lethargie und kann sich außerhalb seines Jobs kaum zu etwas aufraffen. Der andere packt jede freie Minute mit Beschäftigung – oder Ablenkung – voll, geht vor der Arbeit zum Sport, hört auf dem Weg ins Büro Musik, liest, kocht, surft stundenlang im Internet, wenn er wieder zu Hause ist, nur um nicht darüber nachdenken zu müssen, was ihn wirklich beschäftigt.

Es scheint leichter, sich aus Vernunftgründen etwas aus dem vorhandenen Angebot an Jobs auszusuchen, statt sich seinen eigenen

Weg zu erkämpfen. Denn unter Umständen handelt derjenige gegen die Erwartungen seiner Familie oder gegen eine gesellschaftlich akzeptierte Norm. Fest steht: Jeder von uns muss eine Wahl treffen. Im besten Fall eine Wahl zugunsten eines tiefen persönlichen Glücks.

Herauszufinden, wo dieses liegt, wie die eigene Bestimmung aussieht – dafür gibt es verschiedene Ansätze, sagt Heike. Ein Bereich sei die Schulung von Körper- und Gefühlswahrnehmung: Meditation, Achtsamkeit, Focusing, die Beobachtung von Körper und Geist. Eine Achtsamkeitsübung ist beispielsweise, morgens nach dem Aufwachen noch einige Minuten mit offenen Augen liegenzubleiben, dem eigenen Atem zu lauschen, in seinen Körper hineinzuspüren. Letzteres ist auch beim Focusing entscheidend: Schließe die Augen und fühle in dein Inneres hinein. Lasse dir dabei Zeit, sei ein Beobachter, warte, bis Bilder oder Wörter in dir hochkommen, die dein körperliches Empfinden beschreiben. Spürst du eine Leichtigkeit oder einen Druck? Ein Kribbeln, eine Anspannung? Schaue einfach nach innen, ohne die Bilder und Wörter, die auftauchen, zu bewerten. Gib dir selbst Raum.

Das geht auch in der Meditation: Setze dich aufrecht auf eine Yogamatte oder ein Handtuch, stelle dir einen Wecker auf zehn Minuten, und schließe die Augen. Atme ruhig und bleibe in Gedanken bei deinem ein- und ausströmenden Atem. Das ist für die nächsten zehn Minuten das Ziel der Meditation. Wenn deine Gedanken wandern, ist das nicht weiter schlimm. Komme einfach immer wieder dazu zurück, auf deinen Atem zu achten.

Neben solchen innerlichen Anregungen sind auch jene wichtig, die scheinbar von außen kommen: Du überlegst immer wieder, ob du dich nicht mit einer Idee selbstständig machen sollst. Doch der Impuls zum Handeln ist noch nicht da. Auf einmal stößt du immer häufiger auf Bücher, Vorträge oder Messen für Selbstständige. „Es kann sein, dass deine Wahrnehmung nun sensibler wird – vielleicht ist jetzt die Zeit oder du selbst reif dafür", sagt Heike. Damit wächst auch deine Bereitschaft, etwas zu verändern, und du bekommst den bisher fehlenden Schwung zum Handeln.

Als Trainerin, die solche Prozesse unterstützt, verfolgt Heike den kreativen Ansatz: Mit dem Malen bekommen innere Bilder Form und Gestalt. „Du kannst aber auch etwa in Form einer Zielcollage Abbilder von allem sammeln, was dich berührt." Das geht in Papierform, aber auch digital: Erschaffe dir dein Traumleben, visualisiere das Leben, das du gern führen würdest – mithilfe von Bildern. Lasse beim Schreiben deinen Gedanken freien Lauf.

Mit autobiografischem Schreiben lassen sich beispielsweise Muster in der Biografie besser erkennen. Bei assoziativem Schreiben wie dem Clustering gilt es, den Kopf als Zensor zu umgehen und Gedanken zuzulassen, die nicht so naheliegend oder bequem zu sein scheinen. Clustering ist eine von der amerikanischen Schreibforscherin Gabriele L. Rico entwickelte Schreibtechnik, die über eine bildliche Vorgehensweise die Kreativität fördert und das Finden von Ideen erleichtert. Bei dieser Methode geht es um Assoziationen, die stichpunktartig gesammelt und verdichtet werden. Das Ganze funktioniert so:

Schreibe einen Schlüsselbegriff in die Mitte eines Blattes Papier und umkreise ihn. Du kannst gern mit Hervorhebungen, Farben und Bildern arbeiten – mit allem, das dir dabei hilft, dein Vorstellungsvermögen zu fördern. Um den Kernbegriff schreibst du spontan und ungefiltert Wörter, die du mit deinem umkreisten Begriff verbindest. Du wanderst assoziativ von einem Wort zum nächsten, umkreist das jeweils nächste Wort und verbindest es durch einen Strich mit dem vorherigen. „Das ahmt die Gedankensprünge nach, die für unser Gehirn normal sind und die einen Teil unserer Kreativität ausmachen", sagt Heike. Nach und nach entsteht auf diese Weise eine Ideenskizze.

Die kreative Methode ist der Expertin zufolge der Schlüssel zum Unbewussten oder nur halb Bewussten. „Das Ziel ist es, den Verstand loszulassen und die Kontrolle abzugeben", sagt sie. Was in uns ist, soll nicht in Formen gezwungen werden, die der Kopf vorgibt. Mit dem Malen, Schreiben oder Visualisieren wird die Kreativität geschürt. Vielleicht hast du einen Geistesblitz, eine neue Idee. Vielleicht zeigen sich neue Wege und Alternativen. Vielleicht meldet sich deine Intuition. Das Schreiben fungiert wie ein Entwicklungshelfer: „Die Antworten sind in uns, das Schreiben kann sie ans Licht bringen oder sichtbarer machen", sagt Heike. Schreiben sei gleich ein dreifacher Katalysator: Es stößt an, löst aus und gibt Gestalt.

Schreiben stößt an: Viele Menschen sind nicht geübt darin, über sich und ihr Leben nachzudenken, in sich hineinzuhören. Es gibt immer etwas anderes zu tun, zu erledigen, zu schaffen. Schreiben kann dieses In-sich-hineinhören begünstigen. Wer schreibt, nimmt sich die Zeit, sich mit einer Sache zu beschäftigen, etwa mit dem eigenen Leben.

Schreiben löst aus: Oft haben wir keinen klaren Begriff von unserer Lebensaufgabe oder von dem, was uns wichtig ist. Vielleicht hat jemand ein vages Gefühl – mehr aber auch nicht. Schreiben kann mit Impulsen einen solchen Erkenntnisprozess in Gang setzen und begleiten.

Schreiben gibt Gestalt: Vieles ruht in unserem Unbewussten oder Halbbewussten, auch das tiefere Wissen um uns selbst. Dieses Unbewusste hinterlässt Spuren, die wir zum Beispiel mit dem Schreiben sehen und in eine mit dem Verstand begreifbare Form gießen können.

Hier sind fünf Tipps, wie du mithilfe von Kreativität und Unbewusstem deine Bestimmung findest:

1. Höre auf dein Gefühl: Dieser Tipp scheint einfach, dennoch ignorieren viele Menschen ihre Gefühle und tun das genaue Gegenteil dessen, was ihnen die innere Stimme sagt. Unsere Gefühle sind wie ein Kompass: Sie führen uns zu dem Menschen, der wir sind. Doch auch ein Kompass funktioniert nur dann, wenn man ihn in die Hand nimmt und anschaut. Deshalb: Schaue in dich hinein. Wo verspürst du negative Gefühle, Unwillen, Ungeduld? Was fühlt sich falsch an? Wo hast du das Gefühl, Ketten zu tragen? Was fühlt sich dagegen richtig, gut, erfüllend an? Wo verspürst du ein Gefühl reinsten Glücks? Was lässt dich innerlich strahlen, dich leicht und lebendig fühlen?

2. Achte auf Hinweise von außen: Achte auf Situationen oder Worte, die dich aufhorchen lassen. Je mehr wir auf unsere Gefühle vertrauen, umso häufiger kommen wir in Situationen, in denen wir subjektiv das für uns Richtige sehen, hören, erfahren. Achte auf solche Botschaften aus deinem Alltag und deinem Leben, auf Erinnerungen. Vielleicht erinnert dich etwas an Gefühle, die schon einmal da waren: Vor Jahren hast du im Garten deines Onkels erzählt, dass du Bücher schreiben willst. Und nun stehst du wieder in seinem Garten – und deine Bücher sind immer noch ein Produkt deiner Fantasie.

3. Aktiviere dein Unbewusstes mit kreativen Methoden: Nutze kreative Schreibtechniken, um besser an das heranzukommen, was in dir schlummert. Mache es dir zur Gewohnheit, Morgenseiten zu schreiben – also jeden Morgen deine Gedanken einfach ungefiltert zu Papier zu bringen –, oder verfasse jeden Abend einen Tagebucheintrag. Nimm deine Vergangenheit ins Visier, indem du autobiografisch schreibst und deine Vergangenheit reflektierst. So lernst du, dich selbst besser zu verstehen. Lasse dich von Bildern inspirieren, die dir begegnen, und erstelle aus ihnen eine Zielcollage. Wenn du lieber malst: Male einfach drauf los.

4. Hör auf zu suchen: Wer verbissen nach seiner Bestimmung sucht, wird oft nicht fündig und dreht sich im Kreis. Deine Berufung ruht in deinem Inneren, deshalb: Lass los, gib deinem Leben und deiner Berufung die Chance, sich zu zeigen. Gehe spielerisch oder ziellos vor, der Weg entsteht oft beim Gehen. Blockiere dich nicht mit innerem Druck, deine Bestimmung am besten jetzt sofort finden zu müssen, bleibe offen für Abzweigungen und Anregungen von außen.

5. Erkenne innere Saboteure: Viele von uns wissen im Grunde ganz genau, wozu sie sich berufen fühlen, was ihrem Leben mehr Sinn gäbe. Doch oft sind wir sehr gut darin, uns immer wieder auszubremsen. Durch Ängste, negative Glaubenssätze und scheinbare Sachzwänge hindern wir uns selbst. Sei also wachsam, wenn du etwa denkst, man könne vom Schreiben nicht leben. Oder vom Musikmachen. Oder vom Schneidern.

Frage dich, was du liebst, was du leidenschaftlich gern tust. Schaue, welche Stärken und Fähigkeiten du besitzt, welche Werte dich ausmachen, was deine Vorstellung von einem idealen Job ist. Konkretisiere für dich, was du der Welt geben oder hinterlassen willst. Suche nach einem roten Faden in deiner Lebensgeschichte.

Praxistipps

Erstelle auf Papier oder mithilfe deines Computers eine Zielcollage: Sammle dafür zunächst in Zeitschriften oder im Internet Bilder, die dich ansprechen. Das können Abbildungen von allem sein, das du gern in deinem Leben hättest. Anschließend klebst oder kopierst du diese Bilder zu einem großen Ganzen. Deine Zielcollage darfst du immer wieder anschauen und durch weitere Bilder ergänzen, auf die du im Laufe der Zeit stößt.

Schreibe regelmäßig Morgenseiten oder führe eine Art Tagebuch. Notiere alles, was dir wichtig erscheint: den Verlauf des Tages, wie du dich gefühlt hast, was dich beschäftigt. Das Schreiben kann Antworten auf bestimmte Fragen ans Licht bringen. Wenn du lieber zeichnest oder malst, verleihe dem, was in dir vorgeht, auf diese Weise Ausdruck.

Über Heike Thormann

Heike Thormann ist Autorin, Trainerin und Publizistin.

Auf der Internetseite www.kreativesdenken.com gibt sie kostenfreie Tipps für alle, die schreiben lernen, ihr Denken schulen und ihr Leben selbst gestalten wollen. Zu diesen Bereichen findest du auf Heikes Webseite außerdem Bücher, Selbstlernkurse und Seminare.

5. Vertraue auf Gott
Wolfgang Schmidt

„Lebe deine Berufung, und deine Arbeit ist Liebe." Das sagt Mentor Wolfgang Schmidt voller Überzeugung. Für ihn hat das Wort Berufung eine zweifache Bedeutung: „Da steckt das Wort Ruf drin und das Wort Beruf", so der Experte. Er bezieht sich dabei zunächst auf die Beziehung zwischen Gott und Mensch; diese spiele eine wichtige Rolle, wenn wir uns fragen:

Wer bin ich?

Wo komme ich her?

Was ist der Sinn des Lebens?

Der zweite Part der Berufung liege im beruflichen Kontext. „Da geht es darum, seine von Gott gegebenen Gaben und Talente zu erkennen und entsprechend zu leben – zum Wohle der Gemeinschaft", sagt Wolfgang. „Denn Talent ist ein Geschenk. Dein Talent, das du mitbringst, ist ein Geschenk Gottes. Dafür kannst du nichts. Dafür, was du damit machst, kannst du aber sehr wohl etwas."

Berufung bedeute also Gott und sich selbst entdecken. „Das ist das Nonplusultra, weil du nicht nur auf dich vertraust; das wäre begrenzt. Wenn die Berufung nur auf Selbstvertrauen basiert, baust du es nur auf deinem Willen auf. Wenn wir aber wegkommen vom Selbstvertrauen zum Gottvertrauen, ist es etwas Unbegrenztes", ist der Experte aus Tiefenbach in Bayern überzeugt.

In jedem von uns stecke eine Botschaft, die ihm eigen ist: „Mit Gottes Hilfe führe ich Menschen in ihr volles Potenzial." Doch um das zu erkennen, um seine Berufung zu leben, hat Wolfgang so einige Jahre und viele Umwege gebraucht. Der Grund liege in unserem Schulsystem. Es sei nicht dazu geeignet, Menschen in die Berufung, in die Freiheit zu führen, sondern in die Abhängigkeit. „Alle müssen zum gleichen Zeitpunkt das Gleiche können", bemängelt der Mentor.

Ein Beispiel: Neben einem großen Baum befinden sich fünf verschiedene Tiere: ein Elefant, ein Vogel, ein Fisch, ein Affe und eine Giraffe – und alle bekommen die Aufgabe, auf den Baum zu klettern. Der Affe jubelt, das ist genau sein Ding. Der Elefant würde den Baum wahrscheinlich ausreißen, ausgeschimpft werden und als Versager dastehen. „Das ist unser Schulsystem. Und deshalb suchen die meisten keinen Beruf, sondern etwas, wo sie Geld verdienen, um zu überleben", sagt Wolfgang. Im optimalen Fall sei das etwas, das zu ihnen passe und ihnen Spaß bereite. Schon als Jugendlicher hat sich der Bayer gewundert, warum Menschen von Montag bis Freitag ein anderes Gesicht haben als von Freitag bis Sonntag. „Die meisten tun das, was ihnen angeboten wird, um Geld zu verdienen." Es heißt ja: ‚Das ist normal' oder: ‚So ist der Lauf der Welt' oder: ‚Das machen alle so'.

Aber: Wer zur Quelle will, müsse gegen den Strom schwimmen. Und das erkannte Wolfgang nach einer langen Reise: Fertig mit der Schule, wollte er im Sportbereich arbeiten, im Sportjournalismus vielleicht. Doch seine Noten reichten dafür nicht aus, denn: Hat ihn etwas interessiert und begeistert, hat er darin Höchstleistungen gebracht. Hatte er kein Interesse für ein Fach oder eine Tätigkeit, war er schlecht darin. Schon als Kind sei Wolfgang gut darin gewesen, zu erkennen, wo jemand seinen besten Platz hat, um seine beste Leistung zu bringen. Ob in der Klasse, in der Sportmannschaft oder später in der Küche. Zwanzig Jahre lang war er in der internationalen Gastronomie tätig. Fürs Kochen und die Arbeit in Restaurants hatte er ein gewisses Talent. „Man kann nach weltlichen Maßstäben durchaus Erfolg haben, obwohl man nicht sein Ding lebt. Dein Herz ist nicht dort und dann ist deine Berufung nicht dort. Das führt immer in eine Sackgasse", sagt er, „und irgendwann scheppert es".

Wie das bei Wolfgang aussah? Scheidung und Konkurs mit einem eigenen großen Gastronomiebetrieb. „Damals ging es mir ganz schlecht. Ich habe alles verloren, meine drei Kinder haben mich keines Blickes gewürdigt", erinnert er sich. Das war der Zeitpunkt, als Wolfgang begann, sich andere Fragen zu stellen.

Er fragte sich nicht mehr, was er jetzt tun soll. Er fragte sich: „Was tue ich von heute an nicht mehr?" Er entschied für sich, dass er nie wieder in der Gastro-Szene arbeiten wird. Eine schwerwiegende Entscheidung; schließlich hatte er zwei Jahrzehnte lang nichts anderes gemacht. Doch mit den neuen Fragen, die er sich stellte, erhielt er neue Antworten.

Die folgenden fünfzehn Jahre war er in der Vermarktung von Produkten im Bereich Sport, Fitness und Schönheit tätig. Und auch das betrieb er sehr erfolgreich. Aber auch das erwies sich nicht als der richtige Weg für ihn. Er stellte fest, dass sich viele Menschen am Geld orientieren und deshalb scheitern. Oder dass sie erwarten, dass mehr Geld sie glücklich macht, was es einfach nicht zu tun vermag.

Also besann sich Wolfgang auf das, was sein Potenzial ist. Er analysierte sein ganzes Leben – von der Schulzeit bis zum aktuellen Tag – und fragte sich:

Was kann ich gut?

Worin war ich schon immer einer der Besten?

Was hat mir nicht so gut gefallen?

Was habe ich vermisst?

Welche Stärken habe ich gelebt?

Welche Rollen habe ich eingenommen?

Er fand seine Botschaft: Menschen in ihr Potenzial helfen. Und das hält er für entscheidend im Leben. „Wenn du durchs Leben gehst und nicht weißt, wer du bist, bist du identitätslos. So bist du immer ein Suchender, und deine Energie verläuft sich in die falsche Richtung. Wenn du aber angekommen bist, kannst du deine Energie auf das fokussieren, was dich wirklich ausmacht", sagt er und führt einen Vergleich an: „Wenn du nicht weißt, wohin du gehörst und welches Know-how du brauchst, benötigst du eine ganze Bibliothek. Bist du aber angekommen, weil du deine Berufung gefunden hast, reduziert sich das auf eine Handvoll Bücher. Du weißt, dass die anderen Dinge nicht zu dir gehören und du dich auch nicht in sie vertiefen musst."

Und es stimmt: Viele Menschen lesen ein Buch nach dem anderen, besuchen Kurse und Workshops und Seminare. Weil sie auf der Suche sind. Stattdessen sollten sie sich fragen: Wer bin ich? Wofür will ich mir Know-how aneignen? Das zu wissen, macht vieles einfacher. „Du suchst deine Anerkennung nicht mehr am falschen Ort", sagt Wolfgang. „Du bist wertvoll, weil du BIST. Nicht weil du irgendeine Position einnimmst." Deswegen hält der Mentor nichts davon, Kinder zu fragen, was sie mal werden wollen. Damit suggerieren wir, dass das Kind nichts wert sei und erst noch zu etwas werden müsse.

Unser Ego sagt uns: ‚Du bist, was du hast. Du bist, was du tust. Du bist, was andere von dir denken.' Aber in Dingen, die wir besitzen, in Leistungen und Positionen, im Bild, das jemand anders von uns hat, finden wir unsere Berufung nicht.

„Wenn du weißt, wer du bist, weißt du, dass du etwas Besonderes bist. Du bist eine Designermarke Gottes, ein Unikat. Du bist einzigartig", betont Wolfgang. Jeder hat einen einzigartigen Fingerabdruck, eine einzigartige DNA, aber keine einzigartige Berufung? „Das passt doch nicht zusammen. Jeder Mensch hat irgendetwas an sich, das nur er und nur in dieser, seiner Art zu geben hat. Und es wird andere Menschen geben, die ihn dafür lieben werden."

Denn eines sei wichtig: „Wir sind als Beziehungswesen geschaffen, nicht als Einzelkämpfer. Um uns gegenseitig zu unterstützen, zu inspirieren, zu motivieren, um gemeinsam zu wachsen", sagt der Experte. Das sei erst dann möglich, wenn jeder seine Talente in die Gemeinschaft einbringe. Frage dich also, was andere davon haben, dass es dich gibt, welchen Nutzen sie aus deiner Dienstleistung oder deinem Produkt ziehen können.

Seine wahren Talente auszuleben, seiner Berufung zu folgen, gehört dem Mentor zufolge zu einem gut gelebten Leben dazu. Ebenso wie die weiteren vier Bs: Befinden, Beziehung, Behausung und Bewusstsein. „Das ist das Lebensrad. Es sollte so rund wie möglich sein, dann spricht man von einem gut gelebten Leben." Deswegen seien die reichsten Menschen nicht zwingend die glücklichsten. Oft sei da mehr Schein als Sein.

Und dann gebe es jene, die eine gute Vorstellung davon haben, was ihre Berufung ist, sie aber nicht leben. Weil sie sich für unfähig halten. Für nicht gut genug. Weil sie nicht an sich selbst und ihre Talente glauben. Solche Menschen haben sich selbst noch nicht wirklich entdeckt. „Sie düngen den linken Baum, den öden Baum, den Baum der Angst, der Probleme, des Mangels, der Krankheit. Stattdessen sollten sie den rechten Baum düngen, den Baum der Liebe, der Lösung, des Vertrauens, der Fülle, des Erfolgs." Jeder Gedanke, jedes gesprochene Wort und jede Handlung sei wie ein Samenkorn für die Wurzeln eines dieser Bäume.

In unserem Denken, in unserer Sprache können Gabenblockaden stecken, die es aufzustöbern gilt. Entscheidungen und Unverarbeitetes aus unserer Vergangenheit, Schwierigkeiten in unseren Beziehungen können Hindernisse sein, die uns davon abhalten, die zu sein, die wir wirklich sind. „Wäre ich nach meinem Konkurs in der Vergangenheit hängengeblieben, wäre ich blockiert", sagt Wolfgang. Deswegen sei es wichtig, abzuschließen, loszulassen, sich selbst und anderen zu vergeben.

Wer seine Botschaft, seine Berufung sucht, müsse sich jedoch nicht nur mit seinen Gedanken beschäftigen. „Du musst dir Dinge aus der Kindheit, aus der Jugend suchen, die dein Herz bewegt haben. Schaue nach deinen Stärken und deinen Themen", sagt Wolfgang, der mit seinen Klienten genau daraus eine Botschaft entwickelt. Außerdem arbeitet er mit einer Analyse auf wissenschaftlicher Grundlage, bei der man individuell rausfinde, welche Form der Informationsaufnahme bei dominiere.

Einige sind eher visuell orientiert und lernen am besten über Bilder. Bei anderen hilft es, wenn sie Informationen laut wiederholen oder sich erneut anhören, wiederum andere lernen über Berührung oder Bewegung. „Ein Kind, das visuell orientiert ist, sitzt im Klassenzimmer und schaut aus dem Fenster. Der Lehrer ermahnt es und sagt, es solle auf die Tafel schauen. Dabei kann dieses Kind die Informationen des Lehrers am besten verarbeiten, wenn es hinaussieht. Wird es gezwungen, auf die Tafel zu schauen, wird seine natürliche Veranlagung gebrochen", sagt Wolfgang.

Häufig sind Hinweise auf unsere Veranlagung in unserer Sprache zu finden. Der eine sagt öfter, dass sich eine Idee für ihn super anhöre. Der andere will sich selbst ein Bild machen. Der Dritte hat ein gutes oder ein schlechtes Gefühl bei einer Tätigkeit. „Wenn du herausfindest, welcher Lerntyp du bist, kannst du deine Gaben entdecken und weißt, warum du auf bestimmte Art reagierst und warum du in bestimmten Situationen die größtmögliche Leistung gebracht hast." Wir alle haben unsere Stärken, Talente, Gaben, Fähigkeiten. Die entscheidende Frage auf dem Weg zur Berufung ist deshalb: Was würdest du tun, wenn Geld keine Rolle spielte und du wüsstest, es kann nichts schiefgehen? Und damit geht die zweite Frage einher: Was haben andere Menschen von meinem Traum?

Wolfgang betont, dass die Berufung etwas Lebendiges sei, das sich entwickeln dürfe. „Du wächst weiter als Mensch, und Dinge können sich verändern." Aber du bekommst eine Gewissheit, ein Gefühl der Sicherheit, dass der Weg, den du eingeschlagen hast, richtig ist.

Willst du also herausfinden, was du am liebsten tust, was deine besten Eigenschaften sind, frage dich:

Wer bin ich?

Für was bin ich hier?

Wie setze ich es um?

Für wen setze ich es um?

Mit wem setze ich es um?

Schaue danach, was dir leichtfällt, was du ganz natürlich gut kannst und gern tust. Vielleicht bist du ein guter Redner und hast schon in der Schule gern Referate gehalten. Vielleicht bist du handwerklich begabt.

Verabschiede dich von dem Glaubenssatz, dass nur die Dinge etwas wert sind, die schwer und kompliziert sind. Lerne deinen Wert zu schätzen. Auch das kommt nicht über Nacht, sondern ist ein Prozess. Dabei hilft es beispielsweise, jeden Abend aufzuschreiben, wofür du dich wertschätzt, was du an dem Tag gut gemacht, worüber du dich gefreut hast, was dir gut gelungen ist.

Auch solltest du, das betont Wolfgang, dankbar sein für alles, was du schon hast – und nicht undankbar für das, was du noch nicht hast. „Unsere Energie folgt unserer Aufmerksamkeit. Wenn ich ungeduldig und undankbar bin, verstärkt sich das. Wenn du aber an die von Gott gegebene Berufung glaubst, sie pflegst, dann verändert dich Gott von innen heraus." Und das kommt nicht von heute auf morgen.

Lass dir Zeit. Vieles passiere in der Fähigkeit, still zu sein. Antworten zu finden, brauche eine Zeit der Stille. Ohne Radio, Fernseher, Handy, andere Ablenkungen. „Durch Stillesein und Hoffen würdet ihr stark sein", zitiert Wolfgang einen Vers aus der Luther-Bibel. Er empfiehlt jeden Morgen eine stille Zeit, um einfach ruhig zu sein, hinzuhören, still zu sein. Das dreißig Minuten oder eine Stunde lang auszuhalten ist eine Übung, die nicht jedem von gleichauf gelingt.

Fange klein an, mit einer Viertelstunde und steigere nach und nach. Schreib die Gedanken und Impulse auf, die in dir aufkommen.

„Habe Mut, dich mit dir selbst zu beschäftigen", sagt Wolfgang, „dich auf diesen Prozess einzulassen und auf ihn zu vertrauen". Jeder Prozess bringe Herausforderungen mit sich, „aber es lohnt sich, egal in welcher Situation man sich befindet. Wir wachsen an Herausforderungen."

Wenn du immer das Gleiche tust, wirst du auch immer das gleiche Resultat bekommen. Also verlasse ausgetretene Pfade. „Jede Situation in deinem Leben ist bloß der nächste Schritt." Konzentriere dich also lediglich genau darauf: auf den nächsten Schritt. Habe Vertrauen und Geduld, dünge den rechten Baum. „Viele wollen Wunder erleben", sagt Wolfgang, „aber auf Wunder musst du dich auch einlassen."

Praxistipps

Ob du nun an Gott glaubst oder nicht: Du besitzt Stärken und Talente, die dich einzigartig machen. Beschäftige dich mehr und mehr mit ihnen. Welche Dinge und Themen haben dich im Kindes- und Jugendalter interessiert? Was macht dich auch heute aus? Schreibe auf, was du tun würdest, wenn Geld keine Rolle spielte und du wüsstest, es kann nichts schiefgehen?

Nimm dir jeden Abend die Zeit, um aufzuschreiben, was am Tag gut gelaufen ist, was dir gut gelungen ist, was du an dir magst, worüber du dich gefreut hast und wofür du dankbar bist.

Über Wolfgang Schmidt

Wolfgang Schmidt ist Mentor und Speaker. Er begleitet Prozesse mit dem Ziel, dass Menschen ihr volles Potenzial, das in ihnen vorhanden ist, erkennen und freilegen. Auf www.bestmentor.de gibt er Tipps dazu.

6. Entdecke deine Herzenswünsche
Heidi Marie Wellmann

Die Berufung, die Erfüllung von Herzenswünschen – das ist etwas, womit sich Heidi Marie Wellmann fast ihr ganzes Leben beschäftigt. Als Kind hatte sie immer viele Ideen, fand vieles spannend. „Ich dachte damals, dass auch Erwachsene das Gleiche tun, dass Arbeiten wie Spielen ist", sagt der Coach. Später habe sie jedoch festgestellt, dass das Gegenteil der Fall ist: dass Arbeiten und Freude teils Welten auseinanderliegen. Weil in ihrem Elternhaus die Maxime hochgehalten wurde, man müsste hart arbeiten, um erfolgreich zu sein, arbeitete Heidi hart an ihrem beruflichen Aufstieg. Nach ihrem BWL-Studium war sie in der Personalvermittlung und Karriereberatung tätig, jung und erfolgreich. „Trotzdem habe ich gemerkt, es ist alles nicht so stimmig und passt nicht", sagt sie.

Sie war damals überzeugt, dass es für jeden einen Traumjob gibt – und wenn man ihn gefunden hat, ist man glücklich. Und da sie selbst nicht wirklich glücklich in ihrem Beruf war, hatte sie ihren Traumjob eben noch nicht gefunden.

Sie begab sich auf die Suche, beschäftigte sich mit Spiritualität und Psychologie, entwickelte sich weiter. Und nach und nach verstand die Expertin, dass sie Menschen auf ihrem beruflichen Weg helfen möchte. Das tut sie auch heute – bloß ist ihr Schwerpunkt ein anderer als früher. Es ist ein enormer Unterschied, ob man für jemanden lediglich eine neue Stelle findet – oder ihn dabei unterstützt, seine Berufung zu leben.

Und nebenbei: Jeder hat nach Heidis Überzeugung eine. „Viele sagen, Berufung sei etwas für Auserwählte, für Musiker oder Schreiberlinge", stellt sie fest. „Ich glaube aber, dass jede Seele so etwas wie einen Plan hat. Im Wort Berufung steckt nicht umsonst das Wort Ruf. Wenn wir unseren inneren Ruf wahrnehmen, können wir uns auch in einem beruflichen Kontext verwirklichen."

Wir sollten unserem Ruf folgen, unseren Herzenswünschen Raum geben, bevor wir uns irgendwelche Ziele stecken, die vielleicht gar nicht die unseren sind. „Die meisten Menschen rennen irgendwelchen Zielen hinterher, wollen vielleicht ortsunabhängig arbeiten und ganz viel reisen. Sie machen und tun, scheitern aber, weil sie nie an den Kern gegangen sind", erklärt Heidi. Frage dich also:

Was will ich?

Welche Wünsche habe ich?

Höre auf deine innere Stimme. Sie ist immer da, aber „unser innerer Ruf ist meist etwas, das nicht schreit, er ist leise, ein Gefühl, das immer wiederkehrt", sagt die Fachfrau. Häufig messen wir unserem Ruf keine Bedeutung zu, ignorieren ihn.

Du fühlst dich vielleicht unwohl in dem Beruf, dem du nachgehst, aber du machst weiter, weil du Geld verdienen willst. Du wirst krank und machst weiter. Du wirst vielleicht gemobbt, änderst aber immer noch nichts. Und wenn du entlassen wirst, trauerst du dem Job nach, über den du dich vorher beschwert hast, statt zu erkennen, dass deine Entlassung ein Geschenk ist, ein Neubeginn.

„Wenn wir unsere innere Stimme überhören, passieren uns häufig Dinge im Außen – negative Dinge", sagt Heidi. Oft sind dies Dramen, Krisen. Heidi selbst musste erst ihre eigene Agentur für Personalvermittlung und -beratung an die Wand fahren, alle Kunden verlieren, bis sie anfing, ihre innere Stimme wahrzunehmen, die ihr sagte: ‚Das ist nicht deins.'

Doch wie fängst du an, auf deine innere Stimme zu hören, wenn du das noch nie getan hast? „Es geht zunächst darum, in die Stille zu kommen, sie zu zelebrieren, sich Zeit zu nehmen und sich im Alltag Ruhepausen zu gönnen", sagt die Expertin. Ihr selbst sei das anfangs auch schwergefallen, deshalb hat sie damit begonnen, jeden Tag dreißig Minuten Heidi-Zeit in ihrem Terminkalender zu blocken und sich während dieser halben Stunde auch wirklich Ruhe zu gönnen.

Die ersten Male wusste sie nicht, was sie in dieser Zeit mit sich anstellen sollte, berichtet sie. Das ein oder andere Mal hat sie gekniffen und die Zeit abgekürzt, „es war Sturheit, weil wir uns einigen Dinge einfach nicht stellen wollen", sagt die Expertin. Aber sie hielt jeden Tag an der Heidi-Zeit fest. Und allmählich entwickelte sie ein Gehör für das, was in ihr vorging. Nach und nach begann sie, sich auf ihre Zeit zu freuen.

Auch bei dir wird das nicht von einem Tag auf den anderen klappen. Bleibe dran, lasse dich darauf ein, und halte deine Ruhezeiten ein. Wenn du ständig beschäftigt bist, kannst du deine innere Stimme nicht wahrnehmen, du hörst nicht auf die Signale deines Körpers, der dir ganz genau sagt, wann du essen, wann du dich ausruhen oder schlafen solltest.

Heidi empfiehlt als weitere Übung, um besser mit dir selbst zu kommunizieren, das Schreiben. Nimm dir auch hierfür eine halbe Stunde Zeit, und schreibe (oder tippe) die Frage: Was ist mir in Bezug auf meine Berufung wichtig? Und dann schreibe einfach drauf los. Auch wenn dir nichts einfällt – dann schreibe darüber. Beschäftige dich (wieder) mit dir selbst, nutze deine dreißig Minuten dafür, nach draußen zu gehen.

Wenn du deiner inneren Stimme folgst, dir selbst vertraust, passieren laut Heidi wunderbare Dinge: „Es kommen Menschen, Projekte oder Angebote in dein Leben, deren Erscheinen du nicht voraussehen oder planen kannst." Plötzlich folgst du inneren oder auch äußeren Impulsen, die sich für dich absolut richtig anfühlen – und dich auf deinem Weg voranbringen.

Die Beziehung, die du mit dir selbst hast, hat eine enorme Auswirkung auf dein Leben – und deine Berufung. „Du musst bereit sein, dich mit deiner inneren Stimme auseinanderzusetzen. Ohne das ist es nicht möglich, deine Berufung zu finden. Dann macht man einfach nur irgendwelche Jobs oder setzt Ideen anderer Menschen um", stellt Heidi fest. Daher sei es wichtig, sich mit seinen Wünschen zu beschäftigen, mit Fragen, die DICH betreffen: Wovon träumst du? Was wünschst du dir für dein Leben? Oder: Welche Wünsche hattest du als Kind oder als Jugendlicher? Wolltest du berühmt sein? Erfolgreich? Wolltest du schon immer eine Kreuzfahrt machen oder nach

Australien reisen? Was macht dir Freude? Womit machst du anderen Menschen eine Freude?

Beantworte diese Fragen, schreibe die Antworten auf, damit du sie vor Augen hast. Und werde tätig: Fange an, Dinge zu tun, die dir Spaß machen. Entdecke die Freude am Leben, indem du deinem Hobby nachgehst oder etwas Neues lernst.

Auch das hat viel mit deiner Berufung zu tun: „Wenn du unglücklich in deinem jetzigen Beruf bist, befindest du dich in einer bestimmten Energiefrequenz, die dir nicht guttut. Unser Körper ist ein Energiefeld. Wenn du Dinge tust, die dir Freude machen, ohne den Druck, dass das gleich dein neuer Beruf sein muss, gelangst du immer mehr in die Energiefrequenz der Freude hinein", erklärt Heidi.

Wenn du gar keine Vorstellung davon hast, was dir Freude macht: Probiere aus. Kritzle auf einem Blatt Papier herum, hole dein Fahrrad aus dem Keller und drehe darauf ein paar Runden im Wald, lies ehrenamtlich im Seniorenheim Geschichten vor, backe einen Kuchen, schraube an deinem Auto herum oder ruf einen dir wichtigen Menschen an. Es gibt auch bei dir mit Sicherheit mehrere Dinge, die du gern tust. Beschäftige dich mit dir selbst – und du wirst mehr und mehr von ihnen entdecken.

Sich selbst besser kennenzulernen sei ebenso eine Entwicklung wie die Transformation der Berufung in einen Beruf. Das geschieht nach Heidis Erfahrung Schritt für Schritt. Fülle dein Leben mit Freude und setze dich nicht selbst unter Druck, indem du gleich ans Finanzielle denkst. Wenn du etwa ein altes Hobby wiederentdeckst, wirkt sich das positiv auf deine Laune und dein Berufsleben aus. Möglicherweise stellst du fest, dass dir das schon genügt. Oder aber du beschließt, nur noch an vier Tagen in der Woche zu arbeiten, weil du dein Hobby Schritt für Schritt zum Beruf machen möchtest.

Verabschiede dich von der Vorstellung, alles müsste sofort perfekt sein. Gehe immer nur den nächstmöglichen Schritt. Lasse nicht zu, dass die Entfaltung deiner Persönlichkeit und deiner Berufung in Stress ausartet.

Parallel ist es von großem Vorteil, wenn du herausfindest, was du eigentlich über das Thema „Berufung" denkst. Glaubst du, dass jeder eine Berufung hat? Glaubst du, dass jeder von seiner Berufung leben kann? Dass dein Talent, deine besondere Fähigkeit gebraucht wird? Dass du Geld dafür bekommst, was du gern tust?

„Viele sagen: ‚Was ich zu geben habe, braucht doch kein Mensch'", stellt Heidi fest. Eine solche Überzeugung kann dich jedoch sehr blockieren. Wenn du denkst, du seist nicht gut genug, du könntest es dir nicht leisten, deine Berufung zu leben, du hättest keine Zeit für sie – dann wird es so sein, weil du nicht bereit bist, diese negativen Glaubensmuster zu durchbrechen. Diese gilt es wahrzunehmen und auf den Prüfstand zu stellen. Dabei ist die Hilfe eines professionellen Coaches oder Beraters von Vorteil, weil wir die in uns festsitzenden Glaubenssätze als unsere Wahrheit erleben, als etwas von Bestand, das unsere Normalität ist. Und dafür sind wir selbst oft blind.

In den meisten Fällen leben wir nach den Überzeugungen unserer Eltern oder Großeltern, unserer Freunde oder Partner. „Daher ist es sehr spannend zu schauen, woher deine Denkweisen kommen und wie etwa deine Familie über Geld, Beruf oder Glück denkt", sagt Heidi.

Sind die negativen Glaubenssätze lokalisiert, lassen sie sich mit etwas Übung in positive Denkweisen verwandeln: Du triffst die Entscheidung, wie du über dein Leben, deinen Beruf und deine Berufung denken möchtest. Wenn du überzeugt bist, dass du erfolgreich sein wirst und dass dir alles gelingt, wirst du genau das in dein Leben ziehen. Wenn du bereit bist, etwas zu verändern und dir jeden Tag sagst ‚Ich lebe meine Berufung jeden Tag ein bisschen mehr' oder ‚Mein berufliches Wirken darf leicht sein und Spaß machen', programmierst du dein Gehirn um und schaffst fast automatisch ein Umfeld, in dem deine positiven Affirmationen Realität werden.

Es liegt an dir: Denkst du über deine Berufung nach, weil dein Kumpel das gerade auch tut? Oder bist du wirklich bereit, eine Wahl zu treffen und dich jeden Tag mit deiner Berufung zu beschäftigen?

Du hast deine Begabungen und Fähigkeiten nicht ohne Grund, auch wenn es etwa viele verschiedene sind. Sogenannte Scanner-Persönlichkeiten vereinen viele Interessen und Neigungen in sich, sie fühlen sich in unterschiedlichen Bereichen zu Hause. Heidi selbst etwa ist jemand, der vorangeht und neue Dinge entdeckt. Sie kann andere Menschen begeistern und findet Gesundheits- und Ernährungsthemen spannend. Aber sie ist auch ein guter Stratege. Sie redet und schreibt gern und sie berät gern andere Menschen.

All das lebt sie heute aus, all das spielt in ihre Berufung hinein. Und wenn sie anders wäre, könnte sie das, was sie heute tut, gar nicht machen. „Du solltest anerkennen, dass es ein Geschenk ist, so viele Talente und Interessen zu haben. Sieh das nicht als Problem, sondern als einen roten Faden in deiner Geschichte", sagt sie. Es gehe nicht um die einzelnen Tätigkeiten, sondern um so etwas wie deinen bevorzugten Seinszustand. Wir alle haben einen – und im Kern bedeute er: glücklich sein. Aber: Glücklich sein bedeutet für jeden etwas anderes. Was bedeutet es für dich? Wann bist du glücklich?

Wenn dir darauf keine spontane Antwort einfällt, rät Heidi, zwei Wochen lang genau zu beobachten, in welchen Situationen du richtig glücklich bist. Mit welchen Themen hat dieser Zustand zu tun? Mit welchen Menschen oder Situationen?

Halte deine Beobachtungen fest, schreibe sie auf, damit du dir deine Glücksmomente immer wieder vergegenwärtigen und aus ihnen lernen kannst, was dir wichtig ist.

Sei nett zu dir selbst, denn letztlich ist deine Berufung laut Heidi nichts anderes als Selbstliebe in Aktion. „Wenn du aus Liebe zu dir selbst tust, was dir Freude macht, wenn du der Mittelpunkt deiner eigenen Welt bist, entfaltest du dich mit all deinen Gaben", sagt die Expertin. Du bekommst ein immer stärkeres Gefühl, dass du auf deinem Weg bist, dass dein Talent genau richtig ist. Du fühlst dich nicht mehr gehetzt und planlos, du fühlst dich angekommen.

Praxistipps

Beschäftige dich mit deinen Wünschen: Was wolltest du schon immer tun oder haben? Erstelle eine Liste mit Dingen, die du verwirklichen oder besitzen möchtest. Was ist dir wichtig, welche Wünsche möchtest du erfüllt wissen? Wovon träumst du? Welche Wünsche hattest du in jüngeren Jahren?

Überlege, was nötig ist, um deine Wünsche zu erfüllen. Möglicherweise gibt es einige, die sich leicht verwirklichen lassen. Hole dir mehr und mehr Freude in dein Leben, folge deinen Wünschen und Träumen.

Beobachte über zwei Wochen, in welchen Situationen du dich glücklich fühlst, und halte das auf Papier fest.

Über Heidi Marie Wellmann

Heidi Marie Wellmann ist Coach, Autorin, Rednerin und Seminarleiterin mit den Schwerpunkten Beruf(ung), Lebensaufgabe, Potenzialentfaltung und Glücklichsein. Hierzu hat sie in den vergangenen zwanzig Jahren diverse Projekte auf den Weg gebracht und erfolgreich umgesetzt. Ihr Fokus liegt darin, Spiritualität und Business zu vereinen, sodass das Leben der eigenen Berufung tatsächlich auch im beruflichen Wirken gelebte Realität ist.

Weitere Informationen sind auf www.heidimariewellmann.de zu finden.

7. Erkenne deine Werte
Katharina Tempel

Sinn zu empfinden bei dem, was man täglich tut, ist unabdingbar für ein glückliches und erfülltes Leben. Spüren wir ihn nicht, kommt schnell die Frage auf, wieso wir dann überhaupt morgens aufstehen sollen. Wieso sollen wir zur Arbeit gehen, und was bringt uns das Wochenende, wenn es nächste Woche wieder von vorne losgeht? Wieso machen wir all das überhaupt Jahr für Jahr?

Einen Sinn im Leben zu sehen, gibt dem Leben eine Bedeutung. Es ist nicht länger unwichtig. Ich bin nicht länger egal. Ich habe eine Aufgabe.

Auch Katharina Tempel sah ihre Aufgabe eine Weile nicht. Sie hat vieles ausprobiert und immer wieder festgestellt, was sie NICHT machen möchte. Sie war unzufrieden mit ihrem Geschichtsstudium – und diese Unzufriedenheit führte sie zur Psychologie. „Meine Diplom-Arbeit über Depressionen zeigte mir, dass ich mich beruflich nicht mit Krankheit und Leid, sondern mit etwas Positivem beschäftigen will", sagt sie. Als Angestellte in einem Unternehmen verstand sie, dass sie selbstständig und ihr eigener Chef sein muss. Ihre eigene Orientierungslosigkeit brachte sie schließlich zur Positiven Psychologie und Glücksforschung. Und Glück – das persönliche, individuelle Glücksempfinden – ist ganz eng an die Berufung gekoppelt.

Sicher, man kann sich auch als Kassiererin im Supermarkt pudelwohl und glücklich fühlen, mit den Kunden scherzen und ihnen mit

Freude behilflich sein. Man kann auch als Arbeiter am Fließband erfüllt sein. Warum? Weil sich jeder von uns in unterschiedlichen Strukturen wohlfühlt und jeder unterschiedliche Aufgaben als sinn- und wertvoll erachtet. Eine Kassiererin oder ein Arbeiter am Band sind nicht weniger wert als ein Bankier oder ein Vorstandsmitglied. Ja, sie können sich in ihrer Position glücklicher fühlen als Menschen in der oberen Riege.

Es kommt nicht so sehr auf die Bezeichnung dessen an, was wir tagtäglich tun, sondern darauf, ob wir unsere Arbeit gern machen, ob wir das Gefühl haben, dass das, was wir tun, einen Unterschied ausmacht. „Sinnvolle Aufgaben geben uns das Gefühl, gebraucht zu werden. Sie motivieren uns, tagein, tagaus, zur Arbeit zu gehen, weil wir wissen, dass unsere Arbeit wichtig ist", sagt Katharina. Und das kann ganz unterschiedlich aussehen, weil auch wir alle unterschiedlich sind und unterschiedliche Werte haben. Deswegen kann der Mitarbeiter einer Firma seelisch und körperlich leiden, weil ihn seine Arbeit einfach nur mürbe macht, während ein anderer sich bei den gleichen Aufgaben fühlt wie ein Fisch im Wasser.

Und um nichts weniger geht es bei der Berufungssuche: um das Gefühl, genau dort zu sein, wo man hingehört.

Bei Katharina waren dies die Positive Psychologie und die Glücksforschung. „Ich wusste, das ist es. Das will ich machen. Darüber will ich alles erfahren, und dieses Wissen möchte ich auch mit anderen Menschen teilen. Und nachdem ich das WAS gefunden hatte, kam das WIE von ganz allein", sagt sie. Ihre Erkenntnisse, wie wir glücklicher werden können, teilt die Psychologin heute mit anderen Menschen. Sie ist überzeugt, dass es zur Lebenszufriedenheit beiträgt, sich berufen zu fühlen. Das gibt dem Leben einen Sinn. „Studien zeigen, dass wir dann am glücklichsten sind, wenn wir etwas tun, das mit unseren Werten übereinstimmt. Wir müssen uns dann nicht länger verstellen und vorgeben, jemand anders zu sein", sagt sie.

Wir können wir selbst sein, wenn wir unsere Berufung gefunden haben. Wir handeln aus Überzeugung und aus Spaß an der Freude – nicht, weil wir durch Geld oder andere Anreize motiviert werden. Wer nur des Geldes wegen arbeitet, werde an seinem Arbeitsplatz unter Umständen wenig Freude und Erfüllung finden, sagt Katharina. „Studien zeigen auch, dass solche Personen weniger motiviert sind, sich weniger mit ihren Unternehmen identifizieren, häufiger blaumachen oder ihren Arbeitgeber bestehlen."

Eines ist der Diplom-Psychologin wichtig herauszustellen: Bei Weitem nicht alle Menschen, die ihren Job wegen der Bezahlung machen, sind zwangsläufig unglücklich. Erfüllung lasse sich auch auf anderen Wegen und in anderen Lebensbereichen finden: durch die Familie, durch gute Freunde oder Hobbys. „Allerdings macht die Arbeit einen wesentlichen Teil unseres Lebens aus. Deswegen wünschen sich auch so viele Menschen, gerade hier Sinn und Erfüllung zu finden." Was uns oft zurückhält, sei blanke Angst. Angst vor Neuem, vor dem Ungewissen, vor Veränderung. Sie halte uns zurück, führe dazu, dass wir beim Vertrauten bleiben, selbst wenn es uns unglücklich und krank macht. „Angst zu haben, ist ganz normal", sagt Katharina. „Wann immer wir etwas Neues ausprobieren oder etwas anders machen als zuvor, wissen wir nicht, was wir davon zu erwarten haben und ob wir mit der neuen Situation umgehen können."

Es erfordere eben Mut, seine Träume zu leben. Und ja, es kann auch schiefgehen. „Aber das bringt dich nicht um. Genauso gut kann es die beste Entscheidung deines Lebens sein. Und das wirst du nur herausfinden, wenn du dich traust." Menschen, die aufgrund einer Lebenssituation, mit der sie unzufrieden sind, unter leichten depressiven Verstimmungen leiden, können einen Auftrieb erfahren, wenn sie ihren Weg gehen und ihre Berufung finden. Über die Freude verschwinden die dunklen Gedanken. „Wer seine Lebensaufgabe entdeckt, fühlt sich erfüllt, positiv gestimmt, neugierig, tatendurstig und motiviert." Sitzt die Depression tief, sei es nahezu unmöglich, etwas Neues auszuprobieren oder Freude zu empfinden. Das Denken und Fühlen ist dann ganz auf Negatives eingestellt, wir sind antriebslos und ziehen uns komplett zurück. „In diesem Fall sollte also zuerst die Depression behandelt werden, damit der oder die Betroffene überhaupt wieder normal am Leben teilnehmen kann."

Die Beschäftigung mit seiner ganz individuellen Berufung ist ein Prozess und erfordert viel Präsenz: Wer seine Lebensaufgabe herausfinden möchte, muss sich ganz darauf einlassen, möglicherweise neue Pfade beschreiten. Wir sollten bereit sein, wir sollten Verantwortung übernehmen und Entscheidungen treffen – zu unserem

Wohl und zu dem anderer Menschen. Vor allem, wenn aus der Berufung ein Beruf entsteht. Dies ist nach Worten Katharinas nicht zwingend notwendig. „Wir können uns auch dazu berufen fühlen, die Welt zu erkunden, Kinder großzuziehen, etwas Schönes zu erschaffen oder zu helfen. Sich berufen zu fühlen hat vielmehr mit dem Wesen des Berufes zu tun als mit der Tätigkeitsbeschreibung."

Heißt: Eine junge Frau fühlt sich vielleicht nicht berufen, Kindergärtnerin zu sein. Aber sie spürt ihre Berufung darin, Wissen weiterzugeben und zu erziehen.

Nun, und wie findet man heraus, was die eigene Leidenschaft, der innere Ruf ist? Es ist nach Katharinas Worten etwas, das ganz natürlich in uns steckt. „Das können wir bei Kindern beobachten: Manche vergraben ihre Nasen den ganzen Tag freiwillig in Büchern, während andere ständig basteln, rennen oder Arzt spielen. Sie müssen sich nicht zwingen, irgendetwas zu tun. Sie folgen einfach ihren Interessen." Und genau das sei das Patentrezept für Erwachsene.

Dazu gehöre, dass wir Neues ausprobieren. „Wer nie aus dem Haus geht oder stets alleine bleibt, merkt vielleicht nicht, dass er im Umgang mit Kindern aufblüht oder beim Tanzen ein anderer Mensch wird." Entscheidend ist, offen für Neues zu sein und einen Draht zu sich selbst zu haben. Nur so bemerken wir, was uns guttut und Freude bereitet.

Wer herausfinden möchte, was ihn begeistert, was seine Augen zum Leuchten bringt, sollte sich nach Angaben der Glücksdetektivin mit den eigenen Interessen, Werten und Fähigkeiten beschäftigen. „An der Schnittstelle dieser drei Dinge findet sich das, was uns im Kern wirklich ausmacht", sagt Katharina. Sie empfiehlt, dazu die folgenden Fragen zu beantworten:

1. Was macht mir Spaß? Was tue ich gern? Was wollte ich als Kind werden? Was mache ich freiwillig, auch wenn ich dafür nicht bezahlt werde? Bei welchen Themen und Tätigkeiten habe ich gute Laune? Was wollte ich schon immer mal tun? Was würde ich tun, wenn ich unendlich viel Geld hätte?

Sei bei der Beantwortung dieser Fragen ehrlich mit dir selbst. Wenn du kein Interesse an Politik hast, dann ist das so. Es bringt nichts, Interesse vorzutäuschen, nur, weil etwa bei anderen gut angesehen ist.

2. Was ist mir wichtig? Was gibt meinem Leben einen Sinn? Wofür setze ich mich gern ein? Was möchte ich mit meiner Lebenszeit und -energie wirklich bewegen? Woran hängt mein Herz? Wofür möchte ich bekannt sein? Was treibt mich an?

Um seinen Werten auf die Schliche zu kommen, gibt es verschiedene Übungen. Eine, die Katharina empfiehlt, beinhaltet vier Schritte. Zunächst gilt es, aus den folgenden nebeneinanderstehenden Werten jenen auszusuchen, der dir wichtiger ist. Ohne lange nachzudenken, ganz intuitiv:

Unabhängigkeit	Anerkennung
Geld	Sinn
Selbstverwirklichung	Familie
Harmonie	Ästhetik
Ruhm	Qualität
Ehrlichkeit	Glaube
Abenteuer	Geborgenheit
Ordnung	Spontaneität
Verantwortung	Macht
Loyalität	Gerechtigkeit
Treue	Abwechslung
Genauigkeit	Spaß
Begeisterung	Freundschaft
Disziplin	Toleranz
Fürsorge	Genuss
Erfolg	Würde

Wissen	Vertrauen
Liebe	Leistung
Kreativität	Herausforderung
Sicherheit	Selbstbestimmung

Deine zwanzig Werte reduzierst du nun um die Hälfte. Wenn du dir unsicher bist, frage dich: Was ist mir im Leben wichtig? Wann respektiere ich mich? Wann bin ich stolz auf mich? Was treibt mich an?

Von den zehn übrigen Werten suchst du jene fünf aus, die am besten zu dir passen. Und diese ordnest du nun noch nach ihrer Wichtigkeit. Damit hast du deine fünf stärksten Motivatoren aufgedeckt.

Eine andere Weise, um herauszufinden, was dich antreibt, ist die Übung ‚Mein Lebenswerk'. Stelle dir vor, du hättest einen wichtigen Preis für dein Lebenswerk gewonnen. In welcher Kategorie wäre das? Was wäre dieses Lebenswerk? Wer würde eine Lobrede auf dich halten? Welche deiner Verdienste und Eigenschaften würde die Person hervorheben?

3. Was kann ich gut? Worin bin ich wirklich gut? Womit mache ich anderen eine Freude? Was gelingt mit stets besonders gut? Mit welchen Gegenständen habe ich gern zu tun? Was zeichnet mich aus?

Hier geht es darum, die eigenen Stärken zu entdecken. Wir selbst sind häufig nicht so sicher, was wir eigentlich gut können. Eine schöne Idee ist daher, Freunde und Familienmitglieder zu bitten, drei Eigenschaften oder Talente aufzuschreiben, die sie für deine Stärken halten. Dabei kommen interessante Dinge zutage – und selbst wenn du nichts Neues erfährst, ist es ein wundervolles Erlebnis, so viel Positives über sich selbst zu hören.

Wichtig ist es weiterhin, sich beim Beantworten der verschiedenen Fragen Zeit für sich selbst zu nehmen. „Du wirst dich viel mit dir selbst beschäftigen müssen, um herauszufinden, was dir Freude macht und was für dich eine Bedeutung hat", sagt Katharina. „Sei ehrlich mit dir selbst, auch wenn dir nicht gefällt, was du herausfindest. Und erlaube dir zu träumen."

Denn der größte Fehler, den viele Menschen auf der Suche nach ihrer Berufung begehen, ist der, in Jobbezeichnungen zu denken: Ist es meine Berufung Programmierer zu sein, Anwalt oder Schauspieler? Wer so denkt, dem werden nur die zwanzig oder dreißig Berufe einfallen, die jeder kennt. „Die Welt hat aber so viel mehr zu bieten als Arzt, Anwalt und Co. Und darauf kommst du nur, wenn du zunächst einmal deiner Fantasie freien Lauf lässt."

Es gibt Menschen, deren Beruf es ist, Filme zu sehen oder als Meerjungfrau in Aquarien zu schwimmen. Frage dich also, was dir Freude macht, was dir wichtig ist, wie dein idealer Tag aussieht, was du gemacht haben willst, bevor du stirbst, und warum du deiner Meinung nach überhaupt am Leben bist. Sobald du ein klares Bild von dir selbst und deinen Fähigkeiten und Stärken bekommst, werden sich erste Ideen von allein bilden. Im nächsten Schritt geht es dann in die Recherche und ins Ausprobieren.

Ob du deine Berufung als Hobby lebst oder aus ihr einen Beruf machst, ist laut Katharina deine Entscheidung. Werde dir bewusst, was du möchtest. „Sobald du deine Berufung zum Beruf machst, gehen wirtschaftliche und finanzielle Aspekte damit einher. Du wirst deine Leidenschaft nicht länger völlig unbelastet ausüben können und unter Umständen Druck bekommen, rechtzeitig abzuliefern. Aus der Freude am Tun kann so eine Belastung werden."

Geld für etwas zu bekommen, das du vorher freiwillig gemacht hast, könne zudem dazu führen, dass du die ursprüngliche Freude an der Tätigkeit verlierst und ihr nur noch dann nachgehst, wenn du einen Gegenwert erhältst.

Solltest du deine Berufung dennoch zum Beruf machen wollen, überlege dir, welche Probleme du mit deiner Leidenschaft lösen kannst. Denn dann geht es laut Katharina nicht mehr nur um deine private Freude, sondern um den Nutzen, den andere von deiner Leidenschaft haben. „Überlege dir also, wie du diese Welt mit deinen Talenten verbessern oder verschönern kannst."

Praxistipps

Erforsche, was dich glücklich macht. Was bringt deine Augen zum Leuchten? Bei welchen Tätigkeiten und Themen hast du gute Laune? Notiere alles, was dir einfällt.

Schreibe weiterhin auf, welche Werte für dich wichtig sind. Woran hängt dein Herz? Wofür setzt du dich gern ein? Was treibt dich an? Was möchtest du mit deiner Lebensenergie und Lebenszeit anfangen?

Überlege auch, was dir gut gelingt und womit du andere Menschen glücklich machst. Worin bist du richtig gut? Mit welchen Menschen hast du gern zu tun, welche Aufgaben erledigst du gern? Halte auch dies auf einem Blatt Papier fest.

Über Katharina Tempel

Katharina Tempel ist Diplom-Psychologin und unterstützt Menschen dabei, mithilfe der Positiven Psychologie ein glückliches und erfülltes Leben zu führen.

Auf ihrem Blog www.gluecksdetektiv.de und auf ihrem YouTube-Kanal www.youtube.com/gluecksdetektiv erklärt sie die neuesten Erkenntnisse der Glücksforschung, verrät einfache und konkrete Tipps, um glücklicher zu werden und beantwortet regelmäßig spannende Leserfragen.

8. Stelle dich deinen Ängsten
Irene Fellner

Der Weg zur Berufung ist häufig eine persönliche Entwicklung. Auch bei Trainerin Irene Fellner war das so. Früher war sie Unternehmensberaterin und Projektmanagerin, danach mit Leidenschaft Mutter. Als ihre zwei Kinder in ein Alter kamen, in dem sie keine Mutter brauchten, die ständig für sie da war, merkte Irene, dass auch ihr Job ihr kein Vergnügen mehr bereitete: Sie wollte nicht weiter Optimierungsstrategien für Firmen entwickeln, die darin münden, dass Menschen entlassen werden. Doch was sollte sie stattdessen tun? Sie hatte keine Ahnung. Sie hatte keine Ziele, keine Wünsche, keine Träume.

Aber sie machte sich auf den Weg, um stärker mit sich selbst in Verbindung zu kommen, besuchte Seminare und erfuhr in einer Gruppe mehr über weibliche Spiritualität. Nach und nach war die Idee geboren, für Frauen zu arbeiten, denen die Orientierung fehlt, die berufliche, familiäre und innere Veränderungen meistern, ihren Lebensplan, ihre Berufung verwirklichen wollen. Für jene, die sich in einer Umbruchphase befinden und zu sich selbst finden möchten, gibt die Expertin sieben Tipps:

1. Nimm dir eine Auszeit. „Wir sind sehr stark nach außen orientiert: Job, Haus, Verpflichtungen. Viele Menschen verlieren den Zugang zu sich, zu ihrer Person und laufen wie auf Autopilot", sagt Irene. „Willst du etwas verändern, musst du dafür sorgen, dass du Zeit mit dir selbst verbringst: keine Familie, kein Job, keine Unterhaltung, keine Musik." Jede Form der Auszeit könne dabei helfen, sich zurückzuziehen, auch Spaziergänge in der Natur. Der Wechsel von Ruhe und Aktivität sei entscheidend, so könne sich Neues entwickeln.

2. Öffne dich für deine Gefühle. „Wir sind oft in der Situation, dass wir nichts spüren, keine Freude, keine Trauer – auch uns selbst nicht. Den Zugang zu seinen Gefühlen zu bekommen, ist wichtig", sagt Irene. Das gelingt dir, je mehr du dir Zeit für dich selbst nimmst und darauf achtest, was in dir vorgeht. Dass dabei auch schwierige Gefühle wie Scham, Angst, Schuldgefühle und Trauer hochkommen, ist normal. Solche Gefühle kannst du verwandeln, sodass etwa aus Wut Freude entsteht. „Eine Möglichkeit ist eine achtsame Atmung. Wenn du merkst, du wirst von einer Gefühlswelle überrollt, nimm das zuerst nur wahr. Lass dich jedoch nicht von diesem Gefühl mitreißen, sondern nimm Abstand. Atme tief in den Bauch hinein", sagt Irene. „Wenn du einatmest, sage dir im Geiste: ‚Ich spüre Wut', wenn du ausatmest, sage: ‚Ich spüre Erleichterung'".

Eine weitere Übung, um mit schwierigen Gefühlen umzugehen, ist das Schütteln. „Im Tierreich kann man beobachten, dass Tiere, die unter Schock stehen, die Anspannung aus den Zellen schütteln", sagt Irene. Schüttle deine Arme, deine Beine – oder tanze einfach zu deinem Lieblingslied, in deinem Rhythmus.

3. Mache eine persönliche Bestandsaufnahme davon, wo du heute stehst. Das ist wichtig, um zu wissen, wo du dich befindest, was du bisher in deinem Leben geleistet und erreicht hast, welche Themen und Fragen dich beschäftigen, was sich für dich verändern soll. Was ist bisher gutgegangen? Was ist jetzt schon gut und schön in deinem Leben?

4. Suche dir Verbündete. Die Suche nach sich selbst braucht gute und professionelle Begleiter, jene, die bereits dort sind, wo du gern wärst, die erlebt haben, was du durchmachst, die dich fordern und dir Anregungen geben, damit du dich weiterentwickeln kannst.

5. Erforsche und nutze deine Glücksquellen. Forsche nach dem Schönen in deinem Leben: Was stärkt dich? Was tut dir gut? Wenn du das für dich beantwortet hast, nutze diese Glücksquellen, mache das, was dich glücklich macht. „Das vergessen viele Menschen", sagt Irene. Wenn es dir schlecht geht, du verzweifelt bist und dein Leben zerbricht, hast du keine Gedanken daran, dir selbst Gutes zu tun. „Du brauchst jedoch die Kraft und die positive Motivation daraus."

6. Erkunde deine Spiritualität. Die Beschäftigung mit seiner Spiritualität – wie auch immer diese aussehen mag – führt laut Irene zu einer ganz anderen Verbundenheit mit sich selbst. Du lebst bewusster, distanzierst dich mehr und mehr von deinen Gefühlen, weil du weißt, dass du nicht deine Gefühle bist. Du entwickelst die Fähigkeit, im Augenblick zu sein, dich von allem zu lösen und einfach nur du selbst zu sein.

7. Stelle dir die großen Fragen des Lebens und gehe los, um sie für dich zu beantworten. Die großen Fragen sind: Wer bin ich wirklich – jenseits von Rollenerwartungen, Tradition und Gesellschaft? Was ist mir wirklich wichtig? Was kann ich wirklich gut? Was passt wirklich zu mir? Was ist wirklich meine Berufung? Womit kann ich wirklich einen sinnvollen Beitrag im Leben leisten? Wie kann ich das, was ich bin, wirklich ausdrücken und in die Welt bringen? Und wie geht es jetzt weiter?

Die Frage nach der Berufung, nach der eigenen Lebensaufgabe ist für viele schwer zu beantworten. Oft fühlen wir uns verloren, weil wir über Jahre oder Jahrzehnte einen Weg gegangen sind, der uns vernünftig erschien. Doch plötzlich stellen wir fest, dass uns der Job nicht genug fordert, dass wir alle fünfzehn Minuten auf die Uhr sehen und die Stunden bis zum Feierabend zählen. Eine solche Arbeit bringt am Ende des Monats vielleicht eine gute Summe Geld ein, aber ganz sicher keine Zufriedenheit oder Erfüllung.

Wenn du dich aufmachst, deine Berufung zu suchen, das, was dich wirklich glücklich macht, ist zunächst die Reise nach innen wichtig, sagt Irene: Komme zur Ruhe, nimm dir (genug) Auszeiten, lerne, deine innere Stimme wahrzunehmen.

Werde dir weiterhin bewusst über deine Werte: Was ist dir in deinem Leben wichtig und wertvoll? „Aber Achtung: Werte können sich ändern", warnt Irene. Was dir in jungen Jahren wichtig erschien, ist es heute vielleicht nicht mehr. Überprüfe kritisch, ob deine Werte wirklich die deinen sind – oder nicht etwa die deiner Eltern oder deines Partners. Was ist deine Sicht? „Schreibe über einen Zeitraum von mindestens einer Woche eine Liste mit allem, das dir wichtig und wertvoll ist. Dann setze dich in einer ruhigen Stunde mit dieser Liste hin und fühle, ob diese Werte wirklich für dich zählen und welche Priorität sie in deinem Leben haben", so der Coach.

Als Nächstes geht es um deine Fähigkeiten: Wir alle werden mit besonderen Gaben geboren, die uns unser Leben lang begleiten. „Ich kann zum Beispiel in klaren Strukturen denken, ordnen, analysieren, mich klar ausdrücken und Zusammenhänge erkennen. Außerdem kann ich sehr gut zuhören, Stimmungen wie ein Hochfrequenzgerät wahrnehmen und erkennen, wie sich Menschen fühlen", sagt Irene.

Und du? Weißt du, was deine ganz besonderen Fähigkeiten sind? Nimm dir auch hierfür Zeit, ergründe, welche Talente du besitzt, notiere alles, was dir einfällt.

Neben deinen Fähigkeiten besitzt du eine Menge wunderbarer Charakterstärken, für die dich dein Umfeld wahrscheinlich schätzt und liebt. Bist du freundlich? Humorvoll? Hilfsbereit? „Meistens haben wir nur ein sehr begrenztes Bewusstsein für unsere Charakterstärken. Solltest du als Kind öfter Sätze gehört haben wie ‚Eigenlob stinkt', hast du vielleicht irgendwann einmal aufgehört, dich an dem zu freuen, was dich auszeichnet", sagt Irene. Sie empfiehlt, Freunde und Familie zu fragen, was sie an dir besonders schätzen.

Neben der Reise nach innen ist auch die Reise nach außen eine tragende Säule, wenn es um die Berufung geht. „Es ist wichtig, deinen Blick auch wieder voller Neugier und Offenheit nach außen zu richten und dich auf die Suche nach Neuem zu machen", sagt Irene,

„dich zu öffnen für neue Erfahrungen und Experimente, um zu entdecken, welche Potenziale und Interessen in dir schlummern."

Also: Probiere Neues aus. Sammle Erfahrungen und Informationen zu allen Bereichen, die dich interessieren.

„Irgendwann auf deiner Reise kommt die Phase, in der du spürst, dass es an der Zeit ist, Entscheidungen zu treffen und konkret zu werden", bemerkt Irene. Wähle einen Bereich, der ganz der deine ist. Formuliere Ziele, die du erreichen willst. Plane die Umsetzung deines Herzensprojekts und gehe die ersten Schritte – doch überstürze nicht, behalte dein Tempo bei. Und sei außerdem achtsam, wenn es um Veränderungen geht. Bleibe deinen Werten, Fähigkeiten und Charakterstärken treu und gestalte um diesen Kern herum deinen neuen Weg.

Du wirst feststellen: Je länger du dich mit dir selbst und deinen Wünschen und Träumen auseinandersetzt, umso mehr wirst du spüren, dass die Freude in dein Leben zurückkommt. Du fühlst dich voller Kraft, voller Ideen, du weißt, warum du in der Früh aufstehst. Dein Leben ist im Fluss, in deinem Lebensfluss. Und dieser hat verschiedene Zuströme, jenen deiner Werte, jenen deiner Fähigkeiten, deiner Interessen und Charakterstärken.

Ein weiterer Flussarm hat mit der Sinnhaftigkeit der eigenen Lebensaufgabe zu tun: Wo siehst du Handlungsbedarf in der Welt? Wie möchtest du anderen helfen? „Es gibt Menschen, die sehen Bedarf im Bereich der Umwelt, andere bei gesunder Ernährung, in der

Pflege von alten Menschen oder in der Unterstützung von Flüchtlingen", stellt Irene fest. Die Not, die sie selbst lindern möchte, ist diese: „Ich möchte Menschen helfen, die alles haben und doch innerlich unglücklich sind."

Wo liegen also deine Fähigkeiten, deine Gaben – und wie kannst du sie einsetzen? „Wo sich unsere Fähigkeiten mit der Not der Welt treffen, entsteht Sinn", sagt Irene. Denke dabei nicht gleich an große politische Probleme, wenn das nicht dein Themengebiet ist. Vielleicht bist du aus eigener Erfahrung überzeugt von einem bestimmten Produkt und möchtest anderen Menschen helfen, indem du ihnen dessen Vorzüge erklärst. Du kannst deine handwerklichen Fähigkeiten einsetzen, um beispielsweise Flüchtlinge zu unterstützen. Oder du bist der Ansicht, dass vielen Menschen die Lust und die Lebensfreude abhanden gekommen sind, und bietest Workshops dazu an.

Gehe auf eine Entdeckungsreise, lerne dich selbst besser kennen und das, was dich antreibt. Anfangs wirst du vielleicht verunsichert sein, nicht wissen, wo es hingehen soll. Auch wenn du jetzt denken solltest: „Ich kann doch nichts", wirst du feststellen, dass das nicht stimmt. Mache eine Umfrage unter zehn Freunden und Familienmitgliedern, und lasse sie aufschreiben, was ihrer Ansicht nach deine Talente sind. Frage dich immer wieder:

Was kann ich gut?

Was mache ich gern?

Was ist mir wichtig?

Was sind meine Wünsche und Hoffnungen?

Wo sehe ich die Not in der Welt?

Welches Problem möchte ich lösen?

Nicht zwingend muss nach Irenes Ansicht eine Berufung in einen Beruf münden. Vielleicht arbeitest du ehrenamtlich an einem Projekt, bei dem dein Herz vor Begeisterung schlägt. Vielleicht entdeckst du eine soziale Aufgabe, bei der dir Geld nicht wichtig ist. „Oder du machst etwas, das du neben deinem Beruf parallel weiterentwickelst, und deine Berufung wird irgendwann dein Beruf", sagt sie.

Ob Beruf oder nicht – das sei eine sehr individuelle Frage. Jeder Lebenslauf ist anders, auch die Werte und Wünsche eines jeden von uns sind unterschiedlich.

Finde das, was sich FÜR DICH richtig anfühlt – und gehe unbeirrt deinen Weg. Gewiss werden auf diesem Weg Schwierigkeiten auftauchen oder Ängste. Wie kommt das bei den anderen an? Werde ich mit meinem Herzensprojekt erfolgreich sein? Was ist, wenn ich scheitere? Mache dir bewusst, dass Ängste kommen, aber auch, dass sie bloße Gedanken sind.

Schließe deine Augen, wenn du Angst fühlst, und atme einfach nur ein und aus. „So lange, bis sich der Sturm in deiner Brust wieder gelegt hat und die Welle abgeklungen ist", sagt Irene. Erst dann kannst du dich dessen besinnen, was dir eigentlich wichtig ist, beispielsweise Mitgefühl, Hilfsbereitschaft, Großzügigkeit, Toleranz und ein liebevoller Umgang mit anderen Menschen. „Finde etwas, das wichtiger als deine Ängste ist", fasst es die Expertin zusammen. Und dann vertraue darauf, dass du Unterstützung finden wirst, dass alles im Leben gut und sinnvoll ist. „Vertraue auf deine innere Weisheit, auf die innere Kraft, die dich in jedem Moment deines Lebens leitet."

Neben den Ängsten gibt es einige weitere Herausforderungen auf dem Weg zur Berufung. Eine davon ist die Dominanz des Verstandes. Dieser sagt dir vielleicht: ‚Das macht keinen Sinn, das wird nie ein Beruf, davon kannst du nicht leben.' Doch häufig ist dies nicht unsere eigene Stimme, sondern die Meinung anderer Menschen, die du übernommen hast. „Dein Herz sagt dir: ‚Ich möchte mit Kindern arbeiten, Kinder pflegen'. Und der Verstand entgegnet gleich: ‚Du hast nicht die richtige Ausbildung, du hast doch gar keine Ahnung davon und schau dir erst die Kosten an'. In solchen Fällen kämpfen Herz und Verstand, doch wir werden in unserem Leben laut Irene nicht aus dem Verstand, sondern aus dem Herz heraus glücklich.

Es gilt also, die negativen Glaubensmuster, die unser Verstand wiederkäut, aufzulösen. Eine sehr gute Möglichkeit dazu ist die Vier-Schritte-Methode von Byron Katie: Zunächst wird der Gedanke identifiziert, also etwa die Überzeugung, dass man mit seiner Berufung kein Geld verdienen kann. „Du fragst erstmal, welches Gefühl mit diesem Gedanken verbunden ist", sagt Irene. Als Nächstes stellt sie Klienten mit schwierigen Glaubenssätzen die Frage: Kannst du zu hundert Prozent sicher sein, dass deine Überzeugung immer wahr ist, dass niemand Geld mit seiner Berufung verdient? Die Antwort ist meistens ‚nein'. „Dann suchst du nach drei Beispielen, wie es anders sein kann. Und danach formulierst du, wie es anders heißen kann", erläutert Irene.

Aber nicht nur deine inneren Blockaden können auf dem Weg zur Berufung hinderlich sein, auch wichtige Menschen in deinem Leben können dich bremsen. „Wenn wir unsere Berufung leben, heißt es, dass wir etwas Essenzielles in unserem Leben verändern. Damit beeinflussen wir das Leben anderer automatisch", sagt Irene. Und viele Menschen mögen das gar nicht gern, sodass du möglicherweise Vorwürfen ausgesetzt sein wirst. Entscheidend ist, eine Balance zu finden, damit deine Veränderung für dich passt und die Menschen, die dir wichtig sind, einbezieht. „Gerade Frauen vergessen oft zu schauen, was sie eigentlich wollen und kümmern sich zuerst um alle anderen."

Deshalb hat Irene das Soul-Sisters-Zentrum für Frauen in der Lebensmitte gegründet, in dem sie ein Frauenjahr anbietet. Die Teilnehmerinnen können in Workshops und Coachings ihre Herzensanliegen besprechen, sich austauschen und gegenseitig unterstützen. „Es geht darum, seine wahre Natur kennenzulernen, sich gegenseitig Mut zu machen und zu ermutigen, die nächsten Schritte zu tun – sei es ein neuer Job oder ein neues Lebenskonzept", sagt Irene. Das Frauenjahr biete Zeit und Raum, um den weiteren Lebensweg entstehen zu lassen und Themen aufzudecken, mit denen die Suchenden ihr Leben sinnvoller und erfüllter gestalten.

Denn genau darum geht es: um deine Vorstellung von einem erfüllten und glücklichen Leben, in allen Bereichen. Je mehr du du selbst bist, umso zufriedener und gelassener bist du im Alltag – und das strahlst du beruflich wie privat aus.

Praxistipps

Verstecke dich nicht vor deinen Gefühlen. Sie sind ein wichtiger Kompass, denn nur du weißt am besten, was gut für dich ist. Nimm dir Zeit für dich selbst und gönn dir ausreichend Pausen – ohne Musik, ohne Internet, ohne jegliche Ablenkung.

Wenn sich unangenehme Gefühle wie Angst, Wut, Trauer oder Scham melden, schiebe sie nicht weg. Versuche dann, tief in den Bauch zu atmen und auf deine Atmung zu achten. Du kannst auch bei jedem Einatmen in Gedanken das Wort *einatmen* sagen und bei jedem Ausatmen das Wort *ausatmen*. Konzentriere dich zehn Minuten nur auf deine Atmung – wenn deine Gedanken wandern, komme immer wieder zur Atmung zurück.

Über Irene Fellner

Irene Fellner unterstützt Frauen als Coach, Trainerin und spirituelle Begleiterin in Veränderungsprozessen. Sie hilft ihnen, ihre Berufung zu finden, ihr Potenzial zu leben und ihre Träume zu verwirklichen. Die Trainerin arbeitet derzeit an einem Buch, in dem es darum geht, wie aus angepassten Mädchen von gestern glückliche Frauen von heute werden. Ende 2012 hat sie das Soul-Sisters-Zentrum für Frauen in der Lebensmitte gegründet und bietet dort das Frauenjahr an.

Weitere Informationen dazu sind auf der Seite www.soulsisters.at zu finden. Auf www.irene-fellner.com gibt es außerdem einen Test für Frauen, der aussagt, wie stark bei ihnen das Eva-Phänomen ausgeprägt ist – oder der Drang, für andere mehr da zu sein als für sich selbst.

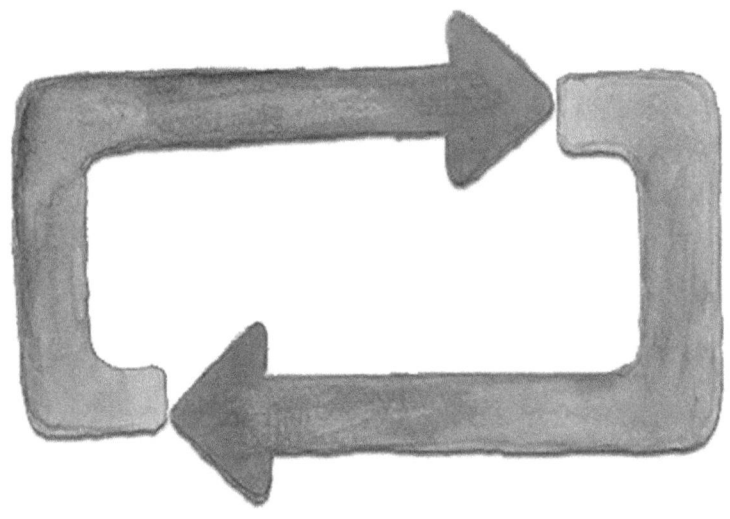

9. Sei entspannt
Johannes Metzger

Der Weg zur Berufung ist in den meisten Fällen nicht gerade. Er verläuft über Serpentinen, Hügel, durch Dickicht oder verschiedene Pfade. Das kennt auch der Entspannungs- und Bewusstseinstrainer Johannes Metzger. Es gab eine Zeit in seinem Leben, als er absolut null Ahnung hatte, wozu er auf der Welt ist und was er machen soll. Und weil er vollkommen planlos war, probierte er eine Menge unterschiedlicher Dinge – in seinem Fall: Jobs – aus. Er arbeitete in einem Behindertenkloster und als Mediengestalter, fing eine Ausbildung als Fotograf an, schloss eine weitere, die zum Heilpraktiker, ab. Später war er Sekretär, Sporttrainer und Therapeut für medizinische Kräftigung, Stoffwechsel-Coach in einem Fitnessstudio.

Er hat einfach Unterschiedliches ausgetestet, geschaut, welcher Pfad für ihn richtig ist. Bis er ihn schließlich fand. Mehr und mehr beschäftigte er sich mit sich selbst und fand heraus, dass es seine Aufgabe ist, Menschen dabei zu unterstützen, entspannter durchs Leben zu gehen und Lösungen für Situationen zu finden, die ihnen ausweglos schienen.

„Wenn wir bei uns selbst bleiben, fällt es uns leichter, zu uns selbst zu kommen", sagt Johannes fast schon philosophisch. Wir müssten lediglich in uns hineinhören, Ablenkungen ausblenden und uns der Automatismen aus unserer Vergangenheit bewusst werden. In jungen Jahren bilden wir unsere Sicht auf die Welt – und je nachdem, wer uns dabei zu Seite steht und beeinflusst, formt sich auch unsere Meinung. Ein Beispiel: Jan hat von seinem Vater gelernt, dass die

Steuererklärung etwas sehr Mühsames ist, sie zu machen ist nervig und kostet Zeit. Das prägt Jan für sein weiteres Leben. Doch was wäre gewesen, wenn Jan in einer Familie aufgewachsen wäre, in der alle möglichen Belege und Quittungen gebügelt und ordentlich eingeheftet worden wären, wo die Steuererklärung wie ein Fest gefeiert worden wäre? Er hätte eine andere Sicht.

„Je nachdem, wie die unterbewussten Strukturen ablaufen, kann ich sie wahrnehmen und verändern", sagt der Trainer. Auch beim Thema Geld, das mit der Berufung eng verknüpft ist, haben wir oft limitierende Glaubenssätze: ‚Geld wächst nicht auf den Bäumen', ‚Geld bringt nur Sorgen' oder ‚Geld ist die Wurzel allen Übels'. Wer solche Sätze verinnerlicht hat, baut zum Geld eine feindliche Beziehung auf und will doch welches verdienen. Ein Paradoxon, nicht wahr?

Um aber etwas – in diesem Fall die Einstellung zu Geld – zu verändern, müssen wir uns dieser Einstellung erst bewusst werden. Wir müssen verstehen, wie wir sind, wie wir uns selbst sehen, wieso wir handeln wie wir handeln, denken wie wir denken.

Und genau das lässt sich auf die Selbstfindung und die Gestaltung der eigenen Berufung übertragen. Es fängt mit dem eigenen Ich an. Es fängt mit an mit der Frage: Was will ich?

Denn oft haben wir eine klare Vorstellung davon, was wir nicht wollen. Das, was wir wollen, liegt hingegen im Nebel.

Starte also mit dieser Übung und frage dich jeden Tag: **Was will ich?**

Und dabei solltest du laut Johannes nicht sofort mit riesigen Zielen starten, sondern klein anfangen. Dich im Alltag immer wieder fragen: Was will ich? Das kann ein Glas Wasser sein oder ein Stück Apfelkuchen oder ein Spaziergang an der frischen Luft. Sobald du anfängst, dich zu fragen, was du willst, beginnt dein Gehirn, Lösungen zu finden. Erst im Kleinen, nach und nach in Situationen, die eine größere Tragweite haben als ein Stück Apfelkuchen. Auf diese Weise lernt das Gehirn mit der Zeit eine neue Strategie.

Und diese kann beim Herausfinden der eigenen Berufung sehr dienlich sein. „Je öfter du dich im Kleinen fragst, was du willst, umso schneller wird dir klar, was du sonst im Leben willst", sagt Johannes.

Doch das solltest du nicht erzwingen, lass dir selbst genug Zeit für deine Entwicklung, erstelle dir nach und nach ein Lebensmodell, das zu dir passt. Für den Bewusstseinstrainer aus Stuttgart ist das eine Art Sammeln: Ben möchte sich ein Auto kaufen, doch er weiß noch nicht, welches es sein soll. Also schaut er sich auf der Straße um und sieht ein Cabrio. ‚Ja', denkt er sich, ‚ein Cabrio wäre toll'. Das nächste Mal sieht er ein anderes Fahrzeug in einer Farbe, die ihm zusagt. Ein drittes Mal entdeckt er genau die Automarke, die es für ihn sein soll. Er bekommt eine immer genauere Vorstellung von dem, was er haben will.

Ähnlich wie in diesem Beispiel lassen sich laut Johannes verschiedene Lebensbereiche wie ein Puzzle zusammensetzen: durch Sammeln und Ausprobieren. Möglicherweise arbeitest du in einem Büro und magst die Kommunikation mit Kollegen und Kunden. Doch einige organisatorische Aufgaben lassen dich jedes Mal verzweifeln, und du hast immer weniger Lust, deswegen morgens zur Arbeit zu fahren. Oder du kannst die vielen Meetings, die deine Zeit fressen, nicht ausstehen.

Für Unzufriedenheit im Job gibt es Johannes zufolge zwei Lösungen: Entweder du bleibst, wo du bist und hörst auf zu nörgeln und dich zu beschweren. Oder du veränderst etwas an deiner Situation. Veränderungen treten ein aus großen Zielen heraus – oder aus großen Schmerzen, ist Johannes überzeugt.

Sicher, jeder von uns hat, seine Umstände und seine Geschichte, Dinge, die er in sein Leben gezogen hat. Und wenn du eine Familie zu ernähren und ein Haus abzubezahlen hast, dann übernimm zuerst die Verantwortung für deine Entscheidungen. „Wenn du etwas verändern willst, gibt es immer Möglichkeiten", sagt Johannes und berichtet von einem Mann, der seine Heilpraktiker-Ausbildung in einem halben Jahr durchgezogen hat. Von einem Ehepaar mit Haus und Kindern, das in seinen Fünfzigern angefangen hat zu studieren. „Sie haben die Eigenverantwortlichkeit auf hundert Prozent gesetzt, weil sie verstanden haben, dass nur sie selbst für ihr Glück verantwortlich sind, dass nur sie selbst sich zu mehr Zufriedenheit und zu ihrer Berufung verhelfen können", sagt der Coach.

Warte nicht auf günstige Gelegenheiten, die vielleicht nie kommen. Warte nicht auf Menschen, die plötzlich deine Talente entdecken. Bleibe bei dir. Frage dich, was du willst, und entscheide bewusst. „So kann ich Dinge und Situationen positiv verändern. Der Rest ist Ausprobieren: Ich verändere etwas und bekomme ein Feedback. Fühlt sich das richtig an? Wenn ja, gehe ich weiter. Wenn nicht, schaue ich rechts und links vom Weg."

Auch für dich gibt es einen Weg. Und ihn zu finden, darf eine gewisse Zeit einnehmen. „Viele denken: ‚Ich brauche jetzt sofort eine Lösung'. Doch wer sich selbst, seine Werte und seine Motivation nicht kennt, wird die Lösung nicht auf Anhieb finden", sagt Johannes. Deshalb ist es ihm zufolge wichtig, sich all das anzuschauen. Frage dich:

Was kann ich am besten?

Was könnte ich den ganzen Tag tun, ohne dass ich das Gefühl habe, dass ich Arbeit verrichte?

Was begeistert mich?

Was treibt mich morgens aus dem Bett?

Was fällt mir leicht?

Schreibe beispielsweise auf ein Blatt Papier mindestens zehn Dinge, die du gut kannst. Und weitere zehn Eigenschaften oder Talente, für die dich andere Menschen bewundern. Notiere, in welchen Fächern du in der Schule richtig gut warst, welche Bücher du gern liest und welche Filme du am liebsten schaust. In welchen deiner Jobs hast du dich wohl gefühlt? Was waren die Gründe für diese guten Gefühle auf der Arbeit – die Kollegen, die Aufgaben?

Es ist entscheidend, zu ergründen, was dich ausmacht, was deine besonderen Fähigkeiten sind. Denn das, was wir am besten können, halten wir oft für selbstverständlich. „Alle Fähigkeiten sind wichtig, auch die ganz einfachen", sagt Johannes. „Jede Fähigkeit kann zum Traumberuf, zur Berufung führen."

Um seine Stärken und Talente zu erkennen, hilft auch der Blick von außen: Frage beispielsweise zehn Menschen, die dir nahestehen, welche Eigenschaften sie an dir schätzen, was ihrer Meinung nach deine Fähigkeiten sind. Hole dir professionelle Unterstützung, wenn du allein nicht weiterkommst und tue dir selbst Gutes. Viele Menschen kümmern sich kaum um sich selbst, sprich: Sie nehmen sich im Alltag keine Zeit, um in die Sauna oder zur Massage zu gehen, sie gönnen sich kaum schöne Erlebnisse. Sie vergleichen sich selbst mit anderen und schätzen ihre Fähigkeiten und Errungenschaften nicht. Sie reden sich ein, sie seien nicht gut genug, schlechter als Person XY. Eine Übung, falls sich eine solche negative Stimme ‚meldet', ist folgende: Wiederhole den Satz, den du in dir wahrnimmst, laut mit verstellter Stimme. Als Donald Duck oder Micky Maus oder Miss Piggy oder als tatterige Oma. Das Negative hält auf diese Weise nicht mehr stand, ein ‚Du bist doch bescheuert, was hast du da wieder gemacht?' in Cowboy-Stimme verliert auf diese Weise den

Druck, die Brisanz. „Achte jeden Tag darauf, gut mit dir umzugehen", sagt Johannes.

Er ist der Überzeugung, dass die Antworten auf unsere Lebensfragen, auf die Frage nach unserer Berufung in uns liegen. „Wir können Dinge im Außen erleben und ausprobieren. Nur: Erfahren können wir sie nur im Inneren."

Wer ständig beschäftigt ist und nicht die Ruhe findet, in sich zu hören, wird kaum eine Idee davon bekommen, was seine Berufung sein könnte. In sich hören, bei sich sein: Das funktioniert in der Meditation, mit Yoga oder Tai-Chi. Noch effektiver sei es, sich hinzusetzen und zehn Minuten lang überhaupt nichts zu tun.

Je mehr du bei dir selbst bist, umso häufiger tauchen Bilder oder Impulse auf, Erinnerungen aus der Vergangenheit, die dich daran erinnern, wer du eigentlich bist, was deine Werte sind, was dich glücklich macht. Du kannst das steuern. „Es gibt nichts zu verbessern", sagt Johannes, sondern nur zu entscheiden, wer du sein möchtest".

Praxistipps

Frage dich im Alltag immer wieder: Was will ich? Schreibe diese Frage auf ein Blatt Papier und befestige es an einer Stelle, an der du es immer wieder siehst. Erstelle dir alternativ einen Bildschirmschoner mit dieser Frage. Höre immer wieder in dich hinein: Was brauchst du gerade? Was kannst du tun, um dich besser zu fühlen? Oft reichen Kleinigkeiten.

Werde dir dessen bewusst, dass du dir bei deiner Entwicklung Zeit nehmen darfst. Hetze dich nicht, bleibe entspannt. Alles hat seine Zeit. Bleibe bei dir und achte jeden Tag darauf, gut mit dir selbst umzugehen.

Über Johannes Metzger

Johannes Metzger ist Entspannungs- und Bewusstseinstrainer und begleitet dich bei deinem Schritt in ein selbstbestimmtes und entspanntes Leben. Auf www.entspanntbeidir.de gibt er Tipps dazu, wie du entspannter wirst und zeigt, dass Veränderung ganz leicht ist.

10. Entfache dein Feuer
Natalie und Joeel A. Rivera

Die Suche nach der Lebensaufgabe, nach mehr Sinn im Leben, nach einer Berufung ist vor allem eines: eine Persönlichkeitsentwicklung. Es geht darum, die beste Version seiner selbst zu werden. Wie dir das gelingt? Darauf hat das Coach-Duo Natalie und Joeel A. Rivera aus Florida, USA, eine simple Antwort: „indem du die Entscheidung triffst, ständig an deinem persönlichen Wachstum zu arbeiten". Noch wichtiger sei es, limitierende Glaubenssätze wie ‚Das ist doch unmöglich' oder ‚Dafür bin ich nicht gut genug' aufzuspüren und in positive Überzeugungen umzuwandeln. Denn unser Denken allein hindert uns häufig daran, das Nötige zu tun, um unsere Träume und Ziele zu erreichen.

Wir sind in einer Kultur aufgewachsen, in der uns von klein auf gesagt wird, was gut oder schlecht ist, was wir zu tun und zu lassen haben. Daraus haben wir uns ein Weltbild geschaffen: ein limitierendes Weltbild. Unsere Stärken und besten Eigenschaften halten wir für nichts Besonderes, wir schreiben ihnen keinen großen Wert zu. Hinzu kommt laut Natalie und Joeel, dass wir selten zu Individualität erzogen werden: „Kindern wird nicht gesagt, dass das, was sie ausmacht und was sie gern tun, einzigartig ist." Und dann werden nicht selten auch Interessen von Jugendlichen kritisch bewertet – von Eltern oder Lehrern. „Lerne lieber für die Schule, als den ganzen Tag mit deinen Kumpels Skateboard zu fahren", hören Jugendliche oft in jüngeren Jahren.

Wir werden darauf gedrillt, effizient zu sein, etwas ‚Vernünftiges' zu machen und zu lernen. Und bekommen eine abstruse Vorstellung davon, was vernünftig ist, also von anderen für gut befunden wird. Wir versuchen, es anderen recht zu machen und rücken immer weiter ab von dem, was uns wirklich ausmacht. Wir suchen Anerkennung, indem wir unsere Zeit mit jenen Dingen füllen, die anderen wichtig sind, nicht uns selbst.

Also: Wie findest du heraus, wer du wirklich bist, wofür du brennst, was dir wichtig ist? „Denke zurück, was du als Kind gern gemacht hast. Frage dich, was dich begeistert, wo du begeistert oder im Flow bist", sagen Natalie und Joeel. Was könntest du stundenlang machen, ohne dafür bezahlt zu werden? „Erstelle eine Liste von all den positiven Dingen, die dich ausmachen, von deiner Persönlichkeit, deinen Fähigkeiten und Charaktereigenschaften. Beschreibe mit verschiedenen Adjektiven deine Qualitäten, schlage im Wörterbuch Synonyme nach. Suche dir die Wörter aus, die dir gefallen und die auf dich zutreffen. Schreibe sie auf ein Blatt Papier und bringe sie dort an, wo du sie jeden Tag sehen kannst, um dich selbst zu erinnern, wie großartig du bist", empfehlen Natalie und Joeel.

Auf dem Weg zu sich selbst sei es weiterhin hilfreich, Neues auszuprobieren, etwas, das du vielleicht schon immer mal machen wolltest. Gitarre spielen. Skateboard fahren. Chinesisch lernen. Tue, was dich begeistert, was das Feuer in dir entfacht.

Sich seiner angeborenen Talente, seiner Persönlichkeit und seiner Leidenschaften bewusst zu werden, ist nach Ansicht der zwei Coaches essenziell, um seine Berufung zu finden. Denn sie liegt nicht irgendwo, sondern in uns.

Wenn ein Mensch zu dir käme und sagte, er sei Berufungsberater und könne dir deine Berufung verraten – einfach so, ohne dass er dich kennt, ohne dass ihr mehr als ein paar Sätze ausgetauscht hättet: Würdest du ihm glauben? Wenn er dir eröffnete, dass deine Bestimmung es ist, Sherpa zu werden und Touristen auf den Mount Everest zu führen, obwohl du eigentlich viel lieber Rad fährst und warme Gegenden bevorzugst, würdest du ihm blind vertrauen?

Die Antwort nach deiner Bestimmung, deinem Feuer liegt in dir. Also bringe dir jeden Tag deine besten Eigenschaften in Erinnerung, suche nach Erfolgen in deiner Biografie. Arbeite aktiv daran, deine Glaubenssätze, deine Überzeugungen zu verstehen, die dich möglicherweise hindern, das Leben zu führen, das du gern führen würdest.

Wenn du dich beispielsweise für eine Tätigkeit als Freelancer interessierst, jedoch der Ansicht bist, dass es besser und sicherer ist, angestellt zu sein, und dass im Vergleich dazu die Selbstständigkeit voller Gefahren ist, frage dich: Woher kommt diese Überzeugung? Ist das wirklich meine Überzeugung oder habe ich diese Meinung, weil meine Eltern immer gesagt haben, Selbstständigkeit sei ein riesiges Wagnis? Wenn du deine Meinung ändern möchtest, finde Beispiele für Menschen, die das Angestelltenverhältnis verlassen haben und erfolgreich geworden sind. Kontaktiere diese Leute, bitte sie, ihre Erfahrungen mit dir zu teilen.

Deine Erfahrungen und Entscheidungen haben dich an den Punkt in deinem Leben geführt, an dem du heute stehst. Überlege, welche das waren: eine neue Stelle, die dann doch nicht deinen Vorstellungen entsprach, ein Streit, nach dem du einen wichtigen Menschen in deinem Leben verloren hast?

Suche nach dem Guten in deinem Leben – und du wirst es finden. Forsche nach der Berufung – und sie wird dir begegnen. Im Grunde geht es um mehr Sinn, mehr Bedeutung in allem, das du tust. „Suche also nach dem Sinn und der Bedeutung all deiner Erfahrungen, auch der negativen", sagen Natalie und Joeel. „Einen Fluch als einen Segen zu sehen, ist ein wichtiger Aspekt auf dem Weg zu Berufung."

Notiere mindestens fünf herausfordernde Momente in deinem Leben, Erfahrungen, die deine Situation oder dich verändert haben. Schreibe zu jeder dieser Erfahrungen, was du aus ihr gelernt hast. Auch wenn es etwas Negatives war, so hat es dennoch einen Sinn – und somit etwas Positives. Die neue Arbeitsstelle, die sich nach kurzer Zeit als Sackgasse erweist, ist möglicherweise deshalb eine gute Erfahrung, weil du mehr über deine Prinzipien erfahren hast, darüber, was dir wichtig ist und wofür die Firma nicht steht. Eine verlorene Freundschaft kann sich als etwas Gutes erweisen, weil du verstanden hast, dass sich deine und die Interessen deines Freundes in viel zu unterschiedliche Richtungen entwickelt haben.

Du richtest deinen Fokus auf den Sinn in allem. Auf diese Weise löst du dich von der Vergangenheit und lernst aus ihr, statt über dein hartes Los zu meckern. Du lernst dich außerdem selbst besser kennen, wenn du deine Perspektive änderst: Im Mecker-Modus machst du dich klein, du übernimmst keine Verantwortung für deine Vergangenheit. Im Sinn-Modus beginnst du, deine Entscheidungen und Erfahrungen zu schätzen, du verstehst mehr und mehr, wieso du so und nicht anders gehandelt hast – und du beginnst mehr und mehr, nach deinen eigenen Prinzipien zu leben.

Das ist ein bedeutender Aspekt, wenn es um die Berufung geht. Etwas zu tun, wofür du brennst, beinhaltet, „deinen Träumen aktiv zu folgen, deine Talente zu nutzen und dein Potenzial auszuschöpfen. Tue Dinge mit Leidenschaft, forsche nach dem Sinn in allem, was du tust, dann bist du nicht zu bremsen", sagen Natalie und Joeel.

Möglicherweise stehst du dir noch selbst im Weg, weil du Angst hast, dich auf der Suche nach deiner Bestimmung zu verbrennen. Jedoch wirst du nach Ansicht der beiden Coaches nicht glücklich, wenn du nicht deinem eigenen Pfad folgst. Je länger du den Ruf in dir nach einer sinnvollen Aufgabe ignorierst, umso schlimmer fühlst du dich.

Um deine Angst zu überwinden, muss dein Wunsch, dein ganzes Streben darauf ausgerichtet sein, AUTHENTISCH zu bleiben, du selbst. Und das geht, indem du dir folgende Fragen stellst:

1. Welchen Schmerz verbindest du mit der Idee, deinen eigenen Weg zu gehen? Was ist deine Horrorvision, was kann Schlimmes passieren, wenn du tust, was dein Herz dir sagt?

2. Empfindest du Freude dabei, das zu tun, was alle tun, den Ruf in dir nach einem erfüllten Leben zu ignorieren?

3. Welchen Schmerz wirst du fühlen, wenn du nie deinen Träumen folgst?

4. Welche Freude wirst du empfinden, wenn du die Entscheidung triffst, ein authentisches Leben voller Sinn und Bedeutung zu führen?

Nimm dir Zeit, um diese Fragen für dich zu beantworten. Dich mit dir selbst und deiner Zukunft zu beschäftigen. Denn du allein entscheidest, wer du sein willst und wie du leben möchtest. Du kannst dir dein Traumleben erschaffen. Beginne damit, indem du es visualisierst: Schreibe auf, wie du wohnen willst, wer deine Freunde sein sollen, wie du arbeiten möchtest und welche Dinge du besitzen willst. Ein eigenes Unternehmen, ein Sportwagen, ein Haus am See: Stell dir vor, du hättest das alles bereits, wandere in Gedanken durch dein Traumhaus. Wie viele Zimmer hat es? Wie ist es eingerichtet? Wie sieht dein Schlafzimmer aus? „Unser Gehirn kann nicht zwischen dem realen Leben und dem, was du dir vorstellst, unterscheiden", sagen Natalie und Joeel.

Wenn du in Gedanken schon dein Traumleben lebst, wird der handlungsorientierte Teil des Gehirns aktiviert, das retikuläre Aktivierungssystem (RAS). Es selektiert die Flut an Daten, die wir täglich aufnehmen, nach gewissen Kriterien. Diese sind bei uns allen unterschiedlich – je nach Erziehung, Bildung oder Glaubenssätzen. Jene Informationen, die für uns nicht neu, lebenswichtig oder von emotionalem Wert sind, gelangen nicht weiter ins Gehirn. Sie werden nicht verarbeitet. Es ist wie eine Fahrt auf der Autobahn: Wir rauschen an Bäumen, Straßenschildern, Wiesen, manchmal an Kühen vorbei. Wir sehen sie in einem Sekundenbruchteil oder nehmen sie nicht einmal richtig wahr, weil sie zum üblichen Bild gehören, das wir vom Autofahren kennen. Wir befassen uns nicht weiter mit solchen Dingen.

Es ist nach wissenschaftlichen Erkenntnissen jedoch möglich, seine Wahrnehmung und Realität zu verändern. „Worauf auch immer du dich fokussierst – mit deinen Fragen oder deinen Erwartungen, deinen Gedanken –, es wird dein RAS verstärken", sagen Natalie und Joeel. Wenn du glaubst, du seist nicht gut genug, um etwas Bestimmtes zu tun, dann lässt dein retikuläres Aktivierungssystem nur solche Informationen in dein Bewusstsein, die diesem Glaubensmuster entsprechen. „Es findet buchstäblich, wonach du selbst suchst", sagen die Coaches. „Die meisten Menschen erwarten keine Verbesserungen, sie erwarten eher Negatives. Wenn sie sich jedoch jeden Tag Zeit nehmen, um ihre Gedanken, Erwartungen und Vorstellungen darauf zu richten, was sie wirklich im Leben wollen, geben sie ihrem RAS den Befehl, nach diesen Dingen Ausschau zu halten, und es passiert Großartiges."

Praxistipps

Erstelle eine Liste mit all den positiven Dingen, die dich ausmachen. Wie ist deine Persönlichkeit? Welche Fähigkeiten besitzt du? Beschreibe deine Charaktereigenschaften und Talente – all deine Qualitäten. Schreibe das alles auf ein Blatt Papier und bringe es dort an, wo du es jeden Tag siehst.

Die Antwort nach deiner Bestimmung, deinem Feuer liegt in dir. Bringe dir deine besten Eigenschaften jeden Tag aufs Neue in Erinnerung.

Notiere weiterhin fünf herausfordernde Situationen aus der Vergangenheit, die dich verändert haben. Das können zum Beispiel auch Misserfolge sein oder Enttäuschungen. Was hast du aus diesen Erfahrungen gelernt? Welche positiven Schlüsse kannst du aus den (negativen) Erlebnissen ziehen?

Richte deinen Fokus auf das Gute. Du bist Herr deiner Gedanken.

Über Natalie und Joeel A. Rivera

Natalie und Joeel A. Rivera sind Unternehmer, Coaches und professionelle Speaker. Sie motivieren Menschen mit ihren Reden in Schulen, Hochschulen und Firmen. Etwa 30.000 Menschen aus mehr als 160 Ländern haben bereits an ihren Kursen teilgenommen. Joeel hat einen Master-Abschluss in psychosozialer Beratung und arbeitet an seiner Dissertation in Psychologie. In ihrer *Transformation Academy* bieten er und Natalie unter anderem Online-Kurse, Life-Coaching und Marketing-Training an.

Nähere Informationen sind auf www.transformation-academy.com zu finden.

11. Suche Verbündete und Mentoren
Mara Stix

Dinge testen, ausprobieren, schauen, was davon funktioniert, und immer weniger das machen, was nicht funktioniert: So lässt sich der Weg von Coach Mara Stix zur Berufung zusammenfassen. „Ich gehe einen Schritt und sehe, es läuft gut, das ist meins. Dann bleibe ich auf diesem Weg. Wenn ich merke, es wird schwierig und anstrengend und ich fühle mich weniger ich selbst, ist es nicht das Richtige", sagt die Österreicherin, die heute in Kuala Lumpur lebt. Sie betrachtet das Entdecken der Berufung als einen Prozess, der das ganze Leben weitergeht. Ein lebenslanges Lernen, ein lebenslanges Entwickeln.

Oft wachsen wir auf und haben keine Ahnung, was wir nach der Schule oder nach dem Studium machen wollen. So war das auch bei Mara. Sie studierte Betriebswirtschaft, weil ihr dies vernünftig schien, weil sie dachte, sie hätte mit BWL viele Möglichkeiten. Irgendwann entschied sie sich für die Unternehmensberatung und arbeitete zehn Jahre in diesem Bereich, bis sie sich immer unwohler fühle, bis der Drang, etwas Eigenes auf die Beine zu stellen, immer größer wurde.

Sie nahm sich eine Auszeit. Am liebsten wollte sie reisen, doch die Überzeugung, man könne nicht gleichzeitig reisen und arbeiten, saß tief. Als ihre Ersparnisse aufgebraucht waren, suchte sich Mara wieder einen Job. Diesmal Unternehmensberaterin in Teilzeit. Doch schon kurz nach ihrer Anstellung wusste sie: „Das ist nur ein Zwischenstopp. Ich will selbstständig sein."

Sie probierte verschiedene Dinge aus und fand für sich heraus, dass sie ortsunabhängig arbeiten und die Welt verändern möchte. Heute hilft sie anderen Menschen dabei, ihre Stärken zu entdecken und die finanzielle Freiheit zu erlangen.

Sie weiß, wie es sich anfühlt, seine Berufung zu leben: „Es ist, als seist du zur richtigen Zeit am richtigen Ort." Sie weiß, dass sie ihr volles Potenzial lebt – im Gegensatz zu vielen Menschen, die gar nicht wissen, was ihnen Spaß machen würde, was ihre Wünsche und Träume sind. „Wenn du dein Auto mit angezogener Handbremse fährst, kannst du nicht verstehen, dass der andere mit zweihundert Sachen locker an dir vorbeizieht", sagt sie. „Er ist nicht schlauer als du, er hat einfach seine Spur gefunden."

Doch was hindert Menschen, in ihrer Spur zu leben? Zunächst, sagt Mara, sei es der eigene Kopf. „Du kannst hingehen, wohin du willst. Du nimmst dich selbst immer mit." Wir haben viele Glaubenssätze, die meist nicht einmal die unseren sind, sondern aus unserer Kindheit oder Erziehung stammen. ‚Mit meiner Berufung kann ich kein Geld verdienen', oder: ‚Was denken andere von mir, wenn ich meine Berufung lebe?', oder: ‚Ich kann meine Berufung nicht leben, weil ich mich um meine Kinder kümmern muss' – kommen dir solche Sätze bekannt vor? Sie behindern dich. Sie blockieren dich. Sie halten dich davon ab, die Person zu sein, die du wirklich bist. All die Gründe, die du vielleicht gegen die Berufung anführst, sind laut Mara vorgeschoben: „In Wirklichkeit ist es eine gewisse Angst davor, die Tür aufzumachen und hindurchzugehen. Wenn du das tust, könnte es sein, dass du glücklich bist. Auf einmal ändert sich etwas Großes in deinem Leben. Für viele ist das Angst einflößend."

Möglicherweise hast auch du eine vage Vorstellung, wie dein Traumleben aussehen könnte. Doch du schaffst es nicht, dich selbst davon zu überzeugen, ihn in die Tat umzusetzen – und quälst dich selbst, indem du stehen bleibst.

Du bist es wert, ein großartiges Leben zu führen. Die negativen Emotionen, die dich hindern, sind Mara zufolge Ärger, Trauer, Furcht und Schuld. Am stärksten seien die letzten beiden. Wenn du dich also fragst, wovon du leben willst, wenn du deiner Berufung folgst, wenn du denkst, du wirst auf der Straße landen, und keiner wird mit dir reden, ist das ein Ausdruck deiner Furcht.

Wenn du dir selbst kein gutes Leben erlaubst, weil woanders Menschen verhungern oder sich für einen mickrigen Lohn abrackern, ist das ein Zeugnis deiner Schuldgefühle. Aber: „Jeder muss bei sich selbst anfangen. Zuerst musst du selbst glücklich sein und im nächsten Schritt anderen Menschen helfen", sagt Mara.

Der erste Schritt auf dem Weg zur Berufung sei deshalb, mit negativen Glaubenssätzen und negativen Emotionen aufzuräumen, sich mit ihnen auseinanderzusetzen, sich ihrer bewusst zu werden. Das sei ohne Feedback von außen nur schwer möglich, weil wir unsere Überzeugungen für normal halten, sie gehören zu uns. „Das ist zutiefst unbewusst", sagt Mara. Sie habe früher gesagt, sie könne mit ihrer Berufung kein Geld verdienen. „Das war für mich kein Glaubenssatz, das war meine Wahrheit. Ich wäre auf keine andere Idee gekommen. Etwas anderes kam nicht vor in meinem Weltbild." Deshalb sei es entscheidend, dass du dich mit Menschen umgibst, die dir über deine Emotionen und Glaubenssätze ein Feedback geben können. Hast du einen negativen Glaubenssatz identifiziert, sei das die halbe Miete. Dann gilt es, Beweise dafür zu sammeln, dass der Glaubenssatz nicht stimmt, nach Menschen zu recherchieren, die beispielsweise mit ihrer Berufung Geld verdienen.

„Der wichtigste Schritt ist: Beginne, etwas zu tun", sagt Mara. Denk dir positive Affirmationen für deinen negativen Glaubenssatz aus, schreibe sie auf einen Zettel und hänge diesen auf, wo du ihn ständig siehst. Lebe jeden Tag in der neuen Überzeugung, nach deiner neuen Wahrheit.

Suche Kontakt zu Menschen, die ebenfalls ihre Berufung leben wollen. Es ist zumindest schwerer, sich zu entfalten, wenn dein gesamtes Umfeld in konventionellen Strukturen denkt: dass man jeden Tag von morgens bis abends im Büro sitzen muss, dass Arbeit nun mal keine spaßige Angelegenheit ist. „Keiner von uns kann es allein schaffen", bemerkt Mara. Finde dir also Verbündete. Und finde Mentoren, Menschen, die schon dort sind, wo du gern wärst. Frage sie, wie sie das geschafft haben. Überlege, wie du das auf deine Situation übertragen kannst.

„Und dann einfach anfangen und sich nicht aus der Bahn werfen lassen. Das kann Monate oder Jahre dauern. Aber du solltest dir diese Zeit auch geben. Du musst nicht sofort deinen Job kündigen", sagt Mara. Auf dem Weg zur Berufung sei finanzielle Sicherheit wichtig. „Du kannst anfangs das, was dir Spaß macht, am Abend nach der Arbeit machen, das Ganze wachsen lassen."

Doch wie bei der Berufswahl ist es auch bei dem, was uns Freude macht, oft so, dass wir blind sind. Die meisten wissen nicht, was sie wollen. Was sie gerne tun. Was sie erfüllt. Die Frage, was dir Spaß machen würde, ist laut Mara nicht zielführend: „Das Gehirn kann sich schlecht etwas vorstellen, was nicht da ist." Frage dich stattdessen: **In welchen Momenten in meiner Vergangenheit war ich am glücklichsten?**

Schau dir an, was dir in deinem Leben auf die Nerven geht, was du hasst – und überlege, was das Gegenteil davon wäre. Richte deinen Blick auf Momente des Erfolgs und des Glücks in der Vergangenheit und auf vollkommene Zufriedenheit in der Zukunft. Gestalte dein Leben so, dass du künftig mehr schöne Momente, mehr Spaß hast als früher. Die Frage nach dem Geldverdienen solltest du dir erstmal noch gar nicht stellen, sondern zunächst das in dein Leben holen, was dir vielleicht als Kind oder in deinen Jugendjahren Freude bereitet hat. Möglicherweise hast du gern getanzt, dann nimm Tanzstunden. „Mehr musst du noch gar nicht überlegen. Das ist ein ganz großer Fehler, dass unser Verstand immer nach dem nächsten Schritt schreit.

Aber du weißt gar nicht, was passiert, wenn du den ersten Schritt gegangen bist", sagt Mara. Wenn du Single bist, triffst du beim

Tanzunterricht vielleicht deinen Traumpartner. Oder du lernst jemanden kennen, der eine spannende Business-Idee hat. „Ein kleiner Schritt in die richtige Richtung reicht aus."

Wenn du in deiner Spur bist, gelingen dir Dinge, du triffst die richtigen Menschen. Das geht erst, wenn du in Kontakt mit dir selbst getreten bist und dich selbst besser verstehst. Und das schaffst du, indem du dir Momente der Stille gönnst, beispielsweise meditierst, Sport machst, auf eine gesunde Ernährung achtest, deinen Körper und deinen Geist nährst.

Auch wenn du in der Vergangenheit größere Verpflichtungen eingegangen bist, ist deine Berufung deshalb nicht unerreichbar. Sicher ist ein zweiundzwanzigjähriger Student freier in seinen Entscheidungen als ein achtunddreißigjähriger Familienvater. Doch auch Letzterer kann zu seiner Bestimmung finden, indem er sich etwa jeden Tag eine halbe Stunde Zeit für sich nimmt und meditiert, joggen oder einfach nur spazieren geht. „Seine Berufung zu leben, heißt nicht, dass man um die Welt reisen und kinderlos sein muss", sagt Mara. Jeder von uns hat seine eigene Vision von einem glücklichen und erfüllten Leben. Der eine möchte in Südostasien leben, der andere lieber in Skandinavien. Der eine möchte die Welt sehen, der andere braucht seine gewohnte Umgebung.

Finde deine eigene Wahrheit. Finde das, was sich für dich gut und richtig anfühlt. Dabei kann dir diese Übung helfen:

Stell dir deinen idealen Tag vor. Wo bist du – in deiner Wohnung in Köln oder in einem Apartment auf Hawaii? Was tust du den ganzen

Tag? Gehe Stunde für Stunde durch und kreiere deinen perfekten Tag. Schreibe alles auf, was dir dazu einfällt. So bekommst du deine Vorstellung davon, was dir wichtig ist, was für dich Sinn ergibt.

Denn darum geht es letztlich: Du bist auf der Erde, um du selbst zu sein, um deine Träume zu verwirklichen. „Es gibt keine Alternative zur eigenen Berufung", sagt Mara, „die eigene Berufung zu leben, heißt, du selbst zu sein. Und wer willst du denn sonst sein?"

Praxistipps

Suche den Austausch mit Menschen, die dich unterstützen und die ebenfalls ihre Berufung leben wollen. Du kannst hierfür Gruppen in den sozialen Netzwerken durchstöbern oder die Liste deiner Kontakte nach potenziellen Verbündeten durchsehen.

Kontaktiere weiterhin Menschen, die das erreicht haben, was du gern erreichen würdest. Frage sie, wie sie das geschafft haben, und bitte sie um Rat.

Du musst nicht genau das machen, was sie gemacht haben. Finde deinen eigenen Weg, deine eigene Wahrheit. Schreibe auf ein Blatt Papier, wie dein perfekter Tag aussehen würde. Gehe jede Stunde durch. Wo bist du? Was tust du? Wie gestaltest du deinen idealen Tag?

Über Mara Stix

Mara Stix lebt ihre Berufung als Online-Unternehmerin, Autorin und Business-Coach.

Auf www.marastix.com gibt sie unter anderem Tipps dazu, wie du deine Geschäftsidee findest und deine Träume verwirklichst.

12. Sei du selbst
Lea Hamann

Lange bevor Lea Hamann entdeckt hat, was ihr liegt, hat sie wahrgenommen, was ihr nicht liegt. „Ich habe immer versucht, mich in vorgegebene Bahnen zu quetschen und einen vorgefertigten Beruf für mich zu finden", sagt sie. Doch bei jedem Beruf hatte sie das Gefühl, verzichten zu müssen. „Jeder vorgefertigte Beruf kam mir vor wie ein enger Käfig, in den ich mich zwängen sollte. Und etwas in mir sagte: Ich will das nicht." Sie spürte eine Sinnlosigkeit in dem, was sie tat, sie wollte für sich wissen, warum sie auf der Welt ist. Als jemand, der sehr gern arbeitet, wollte sie etwas bewirken, sich mehr einsetzen – und stellte fest, dass ihr Kunststudium ihr das nicht geben konnte, dass sie eine vollkommen neue Art des Arbeitens für sich finden musste.

Sie hörte auf ihre innere Stimme, hörte in sich hinein. „Ich vertraute darauf, dass mein Weg sich mir zeigt, auch wenn ich mir nicht genau vorstellen konnte, wohin er mich führt."

An einer Stelle in ihrem Leben wachte sie auf und sah die Dinge anders. Sie schlug einen neuen Weg ein und wurde dessen gewahr, dass viele ihrer Entscheidungen nicht liebevoll für sie waren, dass es ihr eigentlich gar nicht so gut ging. „Ich konnte einfach keine Kraft mehr aufwenden, weiter in meinem Hamsterrad zu rennen.

Es war eine tiefe Sehnsucht da, still zu werden und bei mir selbst anzukommen", sagt Lea. Rückblickend ist sie froh, ausgestiegen zu sein, ihr Studium abgebrochen zu haben. „Ich saß dann zunächst einige Wochen am Mainufer und habe aufs Wasser geschaut. Statt schnell zu versuchen, den nächsten Schritt zu gehen, habe ich mir zum ersten Mal in meinem Leben erlaubt abzuwarten, bis sich mein nächster Schritt zeigt", so die Expertin.

Sie hält die Natur für eine wichtige Quelle der Inspiration, wenn es um die eigene Bestimmung geht: Jede Pflanze habe ihren einzigartigen Ausdruck. „Ein Gänseblümchen strebt danach, sich als Gänseblümchen zu verwirklichen. Eine Rose wird so schön, wenn sie sich erlaubt, eine Rose zu sein. So trägt auch jeder Mensch ein einzigartiges Potenzial in sich, das sich entfalten möchte", sagt Lea.

Ihre Überzeugung ist: Du bist am stärksten, wo du ganz du selbst bist. Je mehr du dir erlaubst, deine Fähigkeiten und Besonderheiten wertzuschätzen, umso kraftvoller wird dein Business. Erfolg beginnt dort, wo du mit deiner wahren Bestimmung im Einklang bist.

Leider verinnerlichen wir auf unserem Weg ins Erwachsenenleben, dass die, die aus der Reihe tanzen, nicht normal sind. Wir lernen uns anzupassen, der eine mehr, der andere weniger. Für manche funktioniert das ganz gut, andere quälen sich, weil sie sich – wie Lea einst – gefangen fühlen.

Sie sei schon immer ein sehr feinfühliger Mensch gewesen. „Es fiel mir leicht wahrzunehmen, wenn es anderen nicht gut ging. Und von klein auf habe ich versucht zu helfen", sagt sie. Leider habe ihr früher niemand erklärt, „dass man zuerst für sich selbst sorgen muss, wenn man anderen Menschen wirklich dauerhaft helfen will. So habe ich mich lange Zeit für andere aufgeopfert". Erst später hat sie gelernt, klare Grenzen zu ziehen und gut für sich selbst zu sorgen. Und erst dann wurde ihr bewusst, wie gut es ihr geht, wenn sie ihre Bestimmung lebt, ohne sich selbst zu überfordern.

Es stimmt: In unseren ersten Jahren werden wir fürs Leben geprägt. Wir entfalten uns gemäß unserer Umgebung. Und auch wenn zwei ähnlich ‚gestrickte' Personen unter gleichen Bedingungen aufwachsen, können sie sich aufgrund ihrer individuellen Persönlichkeit unterschiedlich entwickeln. Selbstliebe und Selbstrespekt werden vielen Menschen nicht beigebracht, stattdessen ein normiertes Denken, ein Denken in Schubladen, in Schwarz und Weiß, gut und schlecht.

„So viele Menschen haben es von klein auf erlebt, übersehen oder sogar ausgelacht zu werden. Sie haben gelernt zu schweigen, ihren Ausdruck zurückzuhalten und sich sogar für ihre Fähigkeiten zu schämen", sagt Lea. Deshalb sei der Gedanke, man sei nichts Besonderes, der größte Stolperstein auf dem Weg zur Berufung. Ein weiterer sei Furcht: „Sobald jemand Sehnsucht nach einem anderen Beruf bekommt, spielt auch die Existenzangst eine Rolle. Was geschieht, wenn ich mich für etwas Neues öffne? Kann ich damit überhaupt Geld verdienen und, wenn ja, wie geht das?

So viele Menschen haben das Gefühl, dass ihr Geld von außen kommt und dass sie von anderen abhängig sind. Wer aber seiner Bestimmung folgen möchte, entwickelt eine neue innere Haltung und sagt sich: ‚Ich kann auf leichte und angenehme Weise Geld verdienen und gut leben'", so der Coach. Der dritte große Bremsklotz für jene Menschen, die sich bereits auf dem Weg in die Selbstständigkeit befinden, sei ihre Abneigung gegen das Internet. „Ich höre immer wieder von Leuten, die sich selbstständig machen, ein paar Flyer im Bioladen auslegen und sich dann wundern, warum sie nicht von ihrem Business leben können", sagt Lea. Gerade wenn du ein spezielles Angebot entwickelt hast, solltest du das Internet mit all seinen Möglichkeiten ausschöpfen, um deine Wunschkunden zu erreichen.

Doch zunächst einmal, als allererster Schritt, solltest du dich auf das konzentrieren, was dir Freude bereitet. „Es kann sein, dass du eine Weile Detektiv spielen musst, bis du genau weißt, was dir eigentlich Spaß macht. Nimm wahr, was du nur tust, um es anderen recht zu machen, und was dir wirklich entspricht", rät die Expertin.

Und das sei in einer Zeit voll der Ablenkungen oft gar nicht so einfach. Daher: Bringe Zeiten der Stille in dein Leben. „Das kann Meditation sein, Yoga oder ein Spaziergang in der Natur. Du brauchst Zeiten, in denen du tief durchatmest und den Wirbel des Alltags hinter dir lässt. Erst wenn du still wirst, kannst du dir selbst näher kommen und wahrnehmen, was sich in deinem Inneren entwickeln möchte", sagt Lea.

Je mehr du dich mit dir selbst und deiner inneren Welt beschäftigst, umso klarer werden die Dinge, umso mehr bekommst du Lust, das zu tun, was dir guttut, was du gern tust. Unseren besonderen Fähigkeiten kommen wir meistens dann auf die Spur, so Lea, wenn wir auf unsere Kindheit zurückschauen. Warst du derjenige, der ständig Streit geschlichtet hat? Hast du anderen gern etwas beigebracht oder dich lieber mit Pflanzen oder Tieren beschäftigt?

Dein Verstand wird dir wahrscheinlich sagen, dass aus diesen Dingen kein Beruf werden kann. Doch das sollte zunächst einmal nicht deine Sorge sein. Bringe einfach mehr Freude in dein Leben, indem du das tust, was du gern tust. Wenn der Blick in deine Vergangenheit in deinen Augen nichts Brauchbares zutage fördert, frage einen guten Freund, was seiner Meinung nach deine Stärken sind. Oder schau dir dein Bücherregal an: Welche Themen interessieren dich? „Beginne, deine Interessen und Fähigkeiten wertzuschätzen", sagt Lea.

Doch nicht nur diese Wertschätzung ist entscheidend. „Es ist viel einfacher, den Weg in deine Bestimmung zu beschreiten, wenn du dich mit anderen Menschen verbindest, die auf dem gleichen Weg sind." Höre nicht auf Zweifler, die dich entmutigen oder von deinem Weg abbringen wollen. Vernetze dich stattdessen mit anderen, die dich unterstützen, dir Tipps geben, die motiviert sind, diesen Weg mit dir gemeinsam zu gehen.

Ignoriere die Zweifler von außen und auch die Stimme in dir, die dir sagt, dass das alles doch eh nicht funktionieren wird. „Immer wenn wir einen neuen Weg gehen wollen, stoßen wir an Grenzen in unserem Bewusstsein. Solange wir auf diese innere Stimme hören, die uns sagt ‚Das geht nicht' oder ‚Dafür habe ich doch keine Zeit und kein Geld', werden wir nie den ersten Schritt wagen", sagt Lea.

„Wenn du jedoch glaubst, dass es möglich ist, deine Bestimmung zu leben, wenn du diese neue Realität in deinem Leben willkommen heißt, dann wird sich ein Weg entwickeln." Wenn du an solche scheinbar unüberwindbaren Grenzen stößt, stelle dir vor, wie es sein wird, wenn du dein Ziel erreicht hast. Glaube an deine Fähigkeiten und deine Besonderheiten, du bist einzigartig, du bist gut.

Je mehr du das verinnerlichst, umso stärker wird deine Gewissheit, dass alles gut bleiben wird, dass du deine Ziele erreichen wirst. Vielleicht weißt du zu diesem Zeitpunkt noch nicht, wie genau das passieren wird. Aber du vertraust in dich selbst und in den Prozess, in deine Entwicklung. „Erlaube dir die Gewissheit, dass du dort ankommst, wo du sein möchtest", sagt Lea. „Du musst nicht angestrengt kämpfen. Du gehst ganz gelassen deinen Weg – und erreichst dein Ziel."

Also: Nimm dir Zeit, um deine Talente und Gaben zu entdecken. Es gibt einen Grund, wieso du auf dieser Welt bist. „Ich bin überzeugt, dass kein Mensch überflüssig ist", sagt Lea. „Jeder, der seine Bestimmung nicht lebt, enthält der Welt etwas Wertvolles vor." Und in der heutigen Zeit gibt es sehr viele Bereiche, in denen du wirken und etwas bewegen kannst, wenn du es möchtest. Werde dir klar darüber, wie du leben möchtest, ob deine Bestimmung etwas ist, das du beruflich verwirklichen möchtest. Das muss jeder für sich herausfinden, sagt Lea. Vielleicht bist du glücklich, wenn du in deiner Freizeit ehrenamtlich Tiere betreust oder im Garten arbeitest. Vielleicht bist du so gestrickt, dass dir das nicht ausreicht und du deine Energie und deine besten Qualitäten in einen Beruf, in ein

Seelen-Business stecken möchtest. Ein solches Business dreht sich nicht bloß um Geld, es ist ein Ausdruck deiner Fähigkeiten, etwas, das dich erfüllt, einen Nutzen für andere Menschen darstellt.

Wenn du also um deine Talente weißt: Wem kannst du helfen? Wie hilft das, was du am besten kannst, anderen Menschen? Wenn du die Antwort auf diese Frage hast, weißt du, wer deine Wunschkunden sind. Um ein erfolgreiches Seelen-Business aufzubauen, braucht es laut Lea eine gewisse Zeit. Daher sei es ratsam, einen (Teilzeit-)Job zu haben, der dich finanziell absichert. „Da du nur dann wirklich kreativ sein kannst, wenn du innerlich entspannt bist, ist es sinnvoll, den Übergang in dein Seelen-Business schrittweise zu planen. Wenn es mehr Einnahmen einbringt, kannst du die Stunden in deinem Nebenjob reduzieren oder ihn ganz an den Nagel hängen", empfiehlt Lea.

Sie möchte Menschen Mut machen, daran zu glauben, dass sie etwas Besonderes sind: „Du hast eine Fähigkeit, eine Gabe, die es nur ein einziges Mal gibt. Wenn du wahrnimmst, dass du wertvoll bist, können mit der Zeit auch andere Menschen den Wert in deinen Gaben erkennen. Die Welt wartet auf dich."

Praxistipps

Richte dir genügend freie Zeit ein, in der du einfach nur du selbst sein kannst. Du kannst meditieren, Yogaübungen oder einen Spaziergang machen. Hauptsache du gibst dir ausreichend Zeit, um durchzuatmen und den Alltag hinter dir zu lassen.

Vertraue darauf, dass sich dir dein Weg zeigen wird. Vielleicht dauert es eine Weile. Betrachte diese Zeit als etwas Wertvolles; schließlich kümmerst du dich um dich selbst. Allein das ist ein Gewinn.

Sei nett im Umgang mit dir selbst und lerne, deine Art und dein Wesen zu schätzen. Schreibe auf ein Blatt Papier, was du an dir richtig gut findest. Das können äußerliche Merkmale oder Charaktereigenschaften sein. Sorge gut für dich selbst – erst dann kannst du voller Energie auch etwas für andere Menschen leisten.

Über Lea Hamann

Lea Hamann unterstützt dich dabei, deine Bestimmung zu finden und daraus ein Seelen-Business zu entwickeln, das dich trägt. Auf ihrer Internetseite www.leahamann.de gibt sie dir Tipps dazu, deine Bestimmung zu entdecken und ein authentisches Marketing zu entwickeln, das die richtigen Menschen zu dir führt.

13. Entfalte dein Potenzial
Sebastian Thalhammer

Das Leben zu leben, das wir möchten: Für Sebastian Thalhammer geht es genau darum – und weniger um das Finden der Berufung als markantes Ereignis in der eigenen Geschichte. Es sei ein Prozess des Bewusstwerdens, sagt der Coach, die individuelle Antwort auf die Fragen:

Was ist da wirklich in mir?

Wofür brenne ich?

Was ist meine Leidenschaft?

Was ist da in mir, das ich entfalten möchte?

Die Antwort kann Sebastian zufolge im beruflichen, privaten, spirituellen oder emotionalen Kontext zu finden sein. „Es wird nicht eine einzige Berufung geben, es können mehrere sein", sagt er. Deshalb sollten wir uns verabschieden von der Illusion, wir würden unser Leben nicht voll auskosten, weil wir unsere Berufung nicht gefunden haben.

Das, was Sebastians Berufung am nächsten kommt, ist: sein eigenes Potenzial zu entfalten und andere Menschen dabei zu unterstützen, „ihre mentalen Ketten zu sprengen und ihr Potenzial zu entfesseln". Deshalb am nächsten, weil der Coach ständig neue Ideen und unterschiedliche Interessen hat.

„Mir wurde eingetrichtert: ‚Du musst dich spezialisieren.' Das erzeugt einen starken inneren Druck und kann eine große Bürde sein", stellt er fest. „Ich habe verstanden, dass das nicht so sein muss. Ich kann viele Interessen haben und sie ausleben."

Und er hat verstanden, dass er im Namen der Berufung, seiner Leidenschaft größere Kämpfe austragen kann: „Wenn du dich aufmachst, etwas zu erreichen, das dir wirklich wichtig ist, wird es auch Rückschläge geben, etwas, das nicht so funktioniert, wie du dir das vorstellst. Je stärker du das Feuer in dir trägst, die Begeisterung, die Berufung, umso höher sind die Chancen, dass du auch durchhältst."

Bis zu dieser Erkenntnis hat es ein paar Jahre gedauert. Denn in seinem früheren Leben ist Sebastian den klassischen Weg gegangen. Als Kind hatte er schon sehr viele unterschiedliche Interessen, als junger Mann entschied er sich für die Elektrotechnik – obwohl er eigentlich wusste, dass das nicht auf Dauer sein wird. Einige Jahre lang tat er das, was man eben so tut: „Man sucht sich einen Job und kraxelt die Karriereleiter hoch, ohne zu fragen: wieso eigentlich?".

Und sicher wäre das bei ihm noch eine Weile so weitergegangen. Sein Glück, wie der Unternehmer es heute formuliert, war der Zusammenbruch der Stahlindustrie im Jahr 2008. Jeden Tag saß er an seinem Arbeitsplatz und hatte acht Stunden lang nichts zu tun. „Mir wurde klar, ich werde dafür bezahlt, dass ich meine Zeit absitze, nicht weil ich etwas bewegen kann, weil ich etwas bewirke. Das war eine sinnlose Vergeudung meiner Lebenszeit für ein paar Euro", sagt

Sebastian. Also wechselte er den Job – und schlitterte in eine ähnliche Situation.

Eine größere Veränderung war nötig, um sein Weltbild neu zusammenzusetzen. Sebastian kündigte und ging auf Weltreise. Er wollte sich klar über die Fragen werden: Wer bin ich? Was kann ich? Was möchte ich? Wie möchte ich mein Leben gestalten?

Auf seiner Reise traf er Menschen, die seine alten Vorstellungen und Ansichten über Bord warfen. Er erkannte: „Wenn du dein Leben so leben möchtest, wie du es dir vorstellst, wird es nicht funktionieren, indem du tust, was alle tun." Ihm war klar, dass er etwas Eigenes auf die Beine stellen möchte. Und er hatte keine Ahnung, wie das aussehen könnte. Zurück in Deutschland, wurde er über einige Umwege zu dem Coach und Unternehmer, der er heute ist.

Dabei hat ihm unter anderem die Einsicht geholfen, dass wir zunächst einmal die Verantwortung für unser Leben übernehmen müssen. „Viele sagen, sie würden gern ihre Berufung finden, tun aber nichts dafür. Sie hätten nur gern jemanden, der daherkommt und ihnen sagt, was ihre Berufung ist", stellt Sebastian fest.

Was diese Menschen tun müssen? „Den Arsch hochkriegen", sagt er. „Es ist wirklich so. Ich investiere viel Zeit, um Menschen zu inspirieren und zu unterstützen. Aber ich kann niemanden ins Ziel tragen. Viele hätten gern, würden gern, sie wissen, dass sie müssten. Aber sie werden genau da bleiben, wo sie sind. Sie gehen von einem Seminar zum anderen, lesen ein Buch nach dem anderen und beweihräuchern sich selbst, wie weit sie schon sind und wie viel sie wissen", sagt Sebastian. Doch vor der harten Arbeit, die die eigene Berufung mit sich bringe, etwa dem Aufbau eines eigenen Unternehmens, scheuen sich viele. „Du musst bereit sein, das zu geben, was notwendig ist. Kein Kurs und kein Coaching kann nachhaltig etwas bringen, wenn eine Person eigentlich gar nichts ändern möchte."

Für jene, die bereit sind, alles zu geben, hat Sebastian folgenden Tipp: Ergründe für dich, wieso du die Veränderung willst? Was ist dein Ziel? Möchtest du eine Summe X im Monat verdienen? Möchtest du anderen Menschen bei einem bestimmten Problem helfen? Möchtest du dir dein Traumauto leisten können? Möchtest du selbst festlegen, wann und wo du arbeitest?

Wenn du dir klar bist über deine Motivation, weißt du, wofür du kämpfst. Das ist ein wichtiger Schritt. Denn oft gehen wir im Leben einen Weg – und wissen gar nicht wieso. Viele studieren Fächer, die ihnen vernünftig erscheinen, investieren mehrere Jahre in einen akademischen Titel und haben keine Ahnung, wieso sie das tun.

Wenn du den Grund für dein Streben, dein Suchen kennst, gilt es herauszufinden, was in dir verborgen liegt: „Meistens ist das wahre Potenzial verschüttet durch Ängste, Selbstzweifel, Konditionierungen, Glaubenssätze, Prägungen", sagt Sebastian. Und diese negativen Gefühle kommen zum Vorschein, sobald du anfängst, nach deinen Talenten zu graben. ‚Das geht doch nicht', ‚Das kann ich nicht', ‚Das wird mir doch keiner abkaufen': alles gedankliche Limitierungen, um die du wissen musst.

Es sei wichtig, mit dem zu arbeiten, was einen wirklich zurückhält. Gegen welche mentalen Wände läufst du? Wie sieht die Welt für dich aus? Welche Glaubenssätze sind hilfreich, welche nicht? „Wenn du überzeugt bist, dass du nicht gut genug bist, betrifft das alle deine Entscheidungen", erklärt Sebastian. Ein weiterer wichtiger Punkt in seiner Arbeit sei die Bestandsaufnahme:

Wo liegen deine Stärken, deine Talente?

Welche Ideen hast du?

Was hast du bisher erreicht?

Wozu gratulieren dir andere Menschen?

Was machst du immer wieder, ohne dass dich jemand damit beauftragt oder dich dafür bezahlt?

Was könntest du stundenlang tun, ohne darüber nachzudenken, ob es Sinn hat?

„Die Dinge, die wir als Kinder getan haben, sind oft ein Anhaltspunkt", sagt Sebastian. „Die vergessen wir bloß gern, weil man das ja als Erwachsener nicht macht: den ganzen Tag im Sandkasten sitzen und Schlösser bauen."

Warum gerade in jüngeren Erinnerungen Schätze zu bergen sind? „Weil wir damals nicht so verkorkst waren. Wir haben Dinge einfach getan. Einem Kind gibst du einen Kugelschreiber und es beschäftigt sich drei Stunden damit", sagt der Experte. Das sei eine unverdorbene Art der Kreativität, fern von Wertungen und erwachsenen Beurteilungen wie ‚Das musst du aber so machen' oder ‚Das ist richtig, das ist falsch'.

Ein Dreijähriger, der stundenlang mit einem Kugelschreiber malt, überlegt sich nicht, welches Business daraus entstehen könnte. Wir Erwachsene bremsen dagegen unsere Kreativität. Ein Erwachsener denkt: ‚Ich liebe es, Bücher ins Altgriechische zu übersetzen. Wie kann ich damit Geld verdienen?'. Das ist laut Sebastian ein Querschläger, der jede Kreativität sofort zerstört. „Kinder scheißen drauf. Die machen einfach."

Jeder von uns habe etwas in sich – und oft leiten uns unsere Gefühle zu unseren verborgenen Talenten. Stelle dir eine Situation vor, in der du im Flow warst, in der die Zeit einfach so verflogen ist. Fällt dir etwas ein? Gibt es eine ältere Erinnerung zu diesem wunderbaren Gefühl der Leichtigkeit? „Je mehr du dich von diesem Gefühl leiten lässt, umso mehr Schätze kannst du bergen", sagt Sebastian. Leider kennen viele nur zwei Gefühlsregungen: gute oder schlechte. Sich mit seiner Gefühlswelt auseinanderzusetzen, sich wirklich kennenzulernen, sei Arbeit. Harte Arbeit vielleicht, aber lohnende in jedem Fall.

So entwickelst du die Fähigkeit, auf dich selbst zu vertrauen und mehr und mehr an die Oberfläche zu bringen, was schon immer da war. Und darum geht es weiterhin auf dem Weg zur Berufung: zu schauen, was da ist. Ohne jegliche Wertung, ohne gleich die Karrierebrille aufzusetzen und alles in Schubladen zu stecken. Die eigene Berufung sei ein Entdeckungsprozess, etwas Vielschichtiges – und das darf nach und nach zum Vorschein kommen, etwa auch anhand der eigenen Werte. Hier sind folgende Fragen wichtig: Wie möchtest du Menschen helfen? Mit welchen Menschen möchtest du zu tun haben? Was spielt eine wichtige Rolle in deinem Leben – abseits von oft zitierten Floskeln wie ‚Freiheit' oder ‚Familie'. Keine Frage, beide können wichtig sein. Aber du solltest schauen, was dich wirklich ausmacht, was deine Werte sind – und nicht, was du glaubst, nennen zu müssen.

Wenn wir unsere Werte beispielsweise im Job kompromittieren, machen wir uns unglücklich. Ein Beispiel: Alex ist Anwalt. Nachhaltigkeit und Umweltbewusstsein sind ihm sehr wichtig. Wenn er gezwungen ist, einen Erdölkonzern zu vertreten, wird er sich schlecht fühlen. „Das merken wir immer wieder auch in kleineren Bereichen: Wenn wir zur Arbeit gehen, uns unwohl fühlen, aber nicht wissen, was schief läuft. Da ist dieses nagende Gefühl, das an unserer Energie zehrt", sagt Sebastian.

Ein großes Problem, das er sieht und das oft nicht im Einklang mit unseren Werten ist: Viele Zweifel bezüglich der eigenen Berufung seien geldbezogen. Sie zerstören jegliche Kreativität. Deshalb ist der Coach überzeugt, dass ein Job, den du nur des Geldes wegen machst, dich zwangsläufig unglücklich machen wird. „Da kompromittierst du wieder dich selbst und deine Werte. Sicher, du kannst für eine bestimmte Zeit irgendeinen Job machen, um deine Vision zu finanzieren. Aber wenn du deine Berufung nur in Teilzeit lebst, hast du etwas falsch gemacht. Dann lässt du dich wieder von einem Mangel- oder Angstdenken kontrollieren."

Geld sei dabei nicht das eigentliche Problem, es sei ein bloßer Platzhalter, ein Spiegel des eigenen Selbstwerts. „Die meisten Menschen haben keine Kenntnis über ihren eigenen Wert, daher kommen Geldsorgen", sagt Sebastian. Das zeigt sich in viel zu niedrig kalkulierten Preisen für die eigene Dienstleistung oder in Sätzen wie „Ich wäre schon mit drei Euro mehr zufrieden. Eigentlich ist es ja ganz toll in dieser Firma, weil ich so nette Kollegen habe".

Wichtig zu verstehen ist Folgendes: Geld repräsentiere einen Wert. „Folge ich meiner Berufung, bringe ich meine Botschaft nach draußen, liefere ich Mehrwert, der Menschen verändert, dann ist es Teil der Gleichung, dass ich auch einen Wert dafür erhalte", sagt Sebastian. Das bedeute nicht, dass wir alle Milliardäre werden, weil wir unserer Berufung folgen. Aber die Geldsorgen schwinden, je mehr du dir über deinen Wert und den Wert deiner Fähigkeiten bewusst bist. Angst um die eigenen Finanzen spiegle lediglich, „dass der Mensch nicht daran glaubt, was er tut".

Aber: „Deine Story, deine Botschaft, deine Art aufzutreten hat einen Wert. Das musst du selbst erkennen, bevor du einen Gegenwert bekommen kannst."

Der Prozess, die Entfaltung der eigenen Berufung hat viel mit dem Selbstwert, Selbstbewusstsein und Selbstvertrauen zu tun. All das findest du nur in dir, nicht irgendwo da draußen. Wenn es jedoch um Kenntnisse geht, die du dir für die Ausübung deiner Berufung aneignen musst, so braucht es Einsatz und Durchhaltevermögen.

Sei bereit, alles zu geben, was notwendig ist. Dir etwa Wissen im Marketing-Bereich anzueignen, um deine Fähigkeiten optimal zu präsentieren. „Hier reicht Berufung allein nicht. Es steckt eine Menge Arbeit dahinter. Es ist der Part, bei dem sich die Spreu vom Weizen trennt", sagt Sebastian. „Du musst bereit sein, auch über Jahre zu lernen, viel zu leisten und immer wieder aufzustehen."

Praxistipps

Erforsche für dich, wieso du eine Veränderung willst oder brauchst. Welches Ziel verfolgst du? Was ist deine Motivation? Schreibe auf, was dich antreibt.

Denke zurück an die Momente, in den du im Flow warst. Wann hast du etwas gemacht, bei dem die Zeit verflogen ist? Erinnerst du dich an eine Situation, in der du vollkommen bei dir warst und ein Gefühl der vollkommenen Leichtigkeit gespürt hast? Notiere auch das.

Über Sebastian Thalhammer

Sebastian Thalhammer ist Trainer für vielbegabte Menschen, denen er dabei hilft, ihre Potenziale freizulegen.

Auf www.projektphoenix.com gibt er Tipps dazu, wie du deinen Selbstwert erkennst, Außergewöhnliches erreichst und dich nachhaltig weiterentwickelst.

14. Folge deinen Träumen
Suraya Baumeister

Nicht selten wächst man in seine Berufung hinein. Diese Erfahrung hat Suraya Baumeister gemacht. Bevor sie angefangen hat, als Kreativ-Guide Menschen zu helfen, hatte sie mit einem Coach herausgefunden, wo ihre Stärken und Leidenschaften liegen. Daraus habe sich nach und nach das entwickelt, was sie heute als ihre Lebensaufgabe betrachtet.

Eine Lebensaufgabe zu erfüllen, sei deshalb so wichtig, weil sie dir ein unglaublich tolles Gefühl von Erfüllung schenke. Nicht jeder Mensch frage sich, was wohl der Sinn des Lebens sei. Aber jene, die sich mit ihm beschäftigen, fänden Frieden, wenn sie das tun, wozu sie berufen sind. Wenn du deine Berufung lebst, leuchten deine Augen, „denn wir geben dadurch unserer Seele Raum, sich zu entfalten. Das kann sie nicht tun, wenn wir das harte Leben führen, in dem wir uns befinden, wenn unser Kopf und das Ego das Sagen haben", sagt die Expertin.

Sobald wir jedoch anfangen, unserem Herzen zu folgen und ihm die Zügel zu überlassen, werde unser Leben einfacher. Alles scheint leicht, die Möglichkeiten unendlich. Und auch wenn es im Wachstumsprozess schwierig wird, können wir die Kontrolle aufgeben und geschehen lassen, was geschehen will. Wir finden relativ schnell wieder in einen friedvollen Zustand.

An diesen Punkt zu gelangen, fällt einigen leicht, anderen schwerer. In Surayas Augen liegt die Ursache dafür darin, dass sich die einen helfen lassen – und die anderen nicht. „Das, was uns besonders und einzigartig macht, ist das, wozu wir berufen sind. Wir tun uns meist schwer, das alleine zu erkennen, weil es für uns selbst gar nicht so besonders ist. Wir empfinden es als normal, so sind wir eben. Da hilft der Blick von außen schon sehr beim Erkennen", sagt der Coach.

Sie stellt zudem fest, dass sich viele Menschen nicht trauen, dem zu folgen, was ihnen Freude bereitet. Das, worin wir gut sind, was unserer Lebensaufgabe entspricht, fällt uns leicht. Sind im Unterbewusstsein allerdings Glaubenssätze wie ‚Arbeiten ist anstrengend', oder: ‚Das Leben ist hart' verankert, verbieten wir uns laut Suraya unbewusst, mit etwas Geld zu verdienen, das sich wie ein Hobby anfühlt.

Wie also fängt man an, nach seinem Goldschatz, seiner Bestimmung zu suchen, seinen Träumen zu folgen? „Sich überhaupt dafür zu entscheiden, ist enorm wichtig, denn unsere Träume sind versteckte Lebensaufgaben. Wenn wir unser Potenzial voll ausschöpfen wollen, müssen wir sie leben. Das bekommen wir hin, indem wir ehrlich zu uns selbst sind", sagt der Kreativ-Guide.

Beginne damit, dich bei Entscheidungen zu fragen: Was will ich von Herzen? Will ich das wirklich? Wirklich?

Frage dich außerdem täglich: Was will ich heute tun? Würde ich das auch tun, wenn ich kein Geld verdienen müsste? „Wenn die Antwort darauf ‚nein' lautet, dann lasse es", sagt Suraya. Erlaube dir selbst, das zu tun, was dich zufrieden oder glücklich macht.

‚Okay', wirst du vielleicht denken, ‚ist ja schön und gut, aber ich muss Geld verdienen, ich muss meine Miete bezahlen und den Kredit für mein Auto. Ich kann nicht einfach so meinen Job aufgeben.' Nach Surayas Ansicht gibt es für jedes Problem auch eine Lösung. Am wichtigsten sei es, die Augen zu öffnen und nach dem kleinstmöglichen Schritt für die nächste kleinstmögliche Veränderung zu suchen. „Oft kommen wir nicht voran, weil wir zu weit nach vorne schauen. Wir verzweifeln, weil wir nicht wissen, wie wir dorthin kommen sollen", sagt sie. Aber: Veränderung finde zunächst einmal statt, wenn wir etwas anders machen als bisher und wenn wir dort beginnen, wo wir stehen. „Wir können uns leider nicht auf magische Weise in die gewünschte Situation beamen. Schau, was du jetzt sofort tun kannst, um ein kleines Stück vorwärts zu kommen. Dein Weg wird sich im Gehen zeigen, Türen werden sich öffnen, die du vorher gar nicht sehen konntest. Fange einfach an", sagt die Expertin.

Sobald du aufhörst, alles in Frage zu stellen und über jeden Schritt zehntausendmal nachzudenken, ist das Wie nicht mehr wichtig. Du gelangst an einen Punkt, an dem du einfach in dein Können vertraust und das tust, was gerade wichtig ist, um deinen Traum zu erfüllen.

Eine Voraussetzung hierfür ist, auf die innere Stimme zu hören. Auf deinen Ruf. Das gelingt dir, indem du still wirst und mit deiner Aufmerksamkeit in dein Herzchakra – das befindet sich in der Mitte des Brustkorbs – eintauchst. Stelle dir dort in Gedanken eine Frage, bleibe ruhig und entspannt, erzwinge nichts. Die Antwort wird zu dir kommen, davon ist die Expertin überzeugt. Sie selbst sitzt oft einige Minuten lang da, meditiert und lässt alle Gedanken und Vorstellungen los, die ihre Frage betreffen. Sie leert ihren Geist. „In diesem stillen Raum zeigt sich die Antwort als Gefühl, als intuitives Wissen, das mich verstehen lässt", sagt Suraya.

Stille, Raum für sich selbst – das ist ein entscheidender Punkt, um zu erkennen, wer du bist und wer du sein willst.

Es ist für dich genauso viel möglich auf dieser Welt, wie du selbst für möglich hältst. Sei dir dessen bewusst, dass in dir eine unendliche Schöpferkraft steckt und unendliche Liebe. Du hast jeden Tag die Wahl, ob du an deinen Talenten feilen und an deinen Träumen arbeiten willst – oder eben nicht.

Vielleicht bist du jemand, der von Wochenende zu Wochenende lebt, aber die Sicherheit des Angestelltenverhältnisses nicht aufgeben möchte. Dann wäre eine Möglichkeit, deine Stunden zu reduzieren. Eine andere ist, dir einen anderen Job zu suchen, in dem du dich wohler fühlst.

Möglicherweise hast du einen großen Traum und wolltest schon immer auf Weltreise gehen. Was hält dich davon ab? Wie lange willst du deinen Traum aufschieben? Schau, wo du stehst. Was du jetzt schon hast.

Es ist Suraya zufolge wichtig, die jeweilige Situation und Person zu betrachten. Wir sind alle unterschiedlich, haben unterschiedliche Werte, Charaktereigenschaften und Fähigkeiten. Daher arbeitet die

Visionärin, die im Jahr 2010 in die Schweiz an den Lago Maggiore ausgewandert ist, ganzheitlich, gibt Hilfe zur Selbsthilfe, damit ihre Klienten sich das Leben ihrer Träume aufbauen können. „Innere Arbeit ist einfach der Schlüssel zum Erfolg. Das Spiel des Lebens beginnt mit unseren Glaubenssätzen, die in unserem Unterbewusstsein ihre Kreise ziehen, und der Energie, in der wir schwingen", sagt sie.

Wir selbst erschaffen unsere Realität – und auch Blockaden. Viele haben Angst zu zeigen, wer sie wirklich sind. Viele haben Angst vor Erfolg, auch wenn sie ihn sich schmerzlich wünschen. Viele haben zu wenig Selbstwertgefühl und kein Vertrauen in die eigene Vision. Viele geben anderen die Schuld für die Situation, in der sie sich befinden. Es gibt unzählige Ängste und Blockaden, aber auch schlechte Gewohnheiten. „Sie verhindern, dass du erfolgreicher wirst oder dass du überhaupt mit dem Aufbau deiner Vision beginnst", sagt Suraya.

Um deine einschränkenden Glaubenssätze aufzuspüren, musst du zu deinem inneren Beobachter werden. Je häufiger du dir eine Zeit der Stille gönnst und schaust, was dich bewegt, umso schneller wirst du negative Gedanken identifizieren können. Sie zeigen sich aber auch oft schon körperlich: Deine Mundwinkel gehen nach unten, deine Schultern ziehen zum Kopf, alles scheint schwer und du beginnst, dich schlecht zu fühlen.

Wenn du merkst, dass es dir nicht so gut geht, lenke dich nicht ab. Beobachte, was du eigentlich denkst, was deine Stimmung verschlechtert. „Das ist deine Energiefrequenz, die dann absinkt. Wir können aber nur Gutes und Erfolg manifestieren, wenn wir hoch schwingen", sagt der Kreativ-Guide. Du solltest ihren Worten zufolge die Überzeugung und Gelassenheit entwickeln, dass es das Universum und der liebe Gott gut mit dir meinen. Dass du Erfolg verdient hast. „Gehe davon aus, dass jeder Gedanke, der dich herunterzieht, eine Lüge ist. Eine Lüge, die dein Ego erfunden hat, um dich kleinzuhalten, um dich in der Angst, in den Problemen zu halten."

Mit deinen Gedanken und deinen Gefühlen ziehst du Gutes oder Schlechtes in dein Leben. Wenn du dich schlecht fühlst, hast du Gedanken des Zweifels, der Angst. Die gilt es, ausfindig zu machen und zu löschen, wenn du aus dieser niedrigen Energiefrequenz herauskommen möchtest.

Schreibe deine Überzeugungen und Glaubenssätze auf, und öffne dich dafür, sie zu hinterfragen. Wenn du beispielsweise der Ansicht bist, dass dir nichts gelingt, ergründe, wann sich diese Überzeugung in deine Gedanken geschlichen hat. Gab es einen Zeitpunkt in deiner Vergangenheit, an dem du das Gefühl hattest, dass bei dir gar nichts funktioniert? War es ein Misserfolg, der dich derart geprägt hat? Hat dir vielleicht jemand gesagt, dass dir nichts gelingt? Wenn du erkennst, wie dein Glaubenssatz entstanden ist, hast du bereits einen wichtigen Schritt gemacht.

Als Nächstes gilt es zu überprüfen, ob der hinderliche Satz überhaupt noch Bestand hat. Schau also nach Situationen, in denen dir sehr wohl etwas gelungen ist. Du hast vielleicht eine großartige Präsentation gehalten, für die dich deine Kollegen gelobt haben. Oder du hast ein kompliziertes Projekt erfolgreich abgeschlossen, und der Kunde war sehr zufrieden mit dir. Sicher gibt es in deinem beruflichen oder privaten Leben etwas, worin du gut gewesen bist. Wenn du nach Erfolgen Ausschau hältst und mehr und mehr davon in deiner eigenen Lebensgeschichte findest, konzentrierst du dich auf das Gute.

Auch wenn dir keine Momente einfallen, in denen dir etwas gelungen ist, suche von nun an jeden Tag nach Beweisen, dass auch du Erfolge verbuchst. Programmiere dich neu, lege hinderliche Gedanken ab. Sie bremsen dich.

Wenn du negative Glaubensmuster ins Positive umkehrst, spürst du den inneren Drang, dich konstant weiterzuentwickeln, du folgst deinem inneren Ruf und hast deine Vision vor Augen, sagt Suraya. Ihrer Auffassung nach reichen einfache Affirmationen nicht aus, um sich und seine Gedanken umzuprogrammieren. Sie arbeitet deshalb energetisch in ihrer Aura. Bei der energetischen Arbeit fühle man, wo in der Aura der negative Glaubenssatz abgelegt ist, und ersetzt ihn mit einem positiven, dabei lässt man sich von seiner Intuition leiten. Als Resultat verändert sich die eigene Energieschwingung, über die du Dinge in dein Leben ziehst.

Mit ihren Klienten erarbeitet die Expertin außerdem einen Action-Plan, eine Art Reiseroute. Diese beinhaltet die ersten fünf bis zehn Schritte bis zum nächsten Etappenziel. Und am Ende steht die große Vision, die eigene Berufung, die Erfüllung des eigenen Traums. Auf diese Weise lasse sich erkennen, was erarbeitet und erledigt werden muss, ob der Kleint Hilfe braucht oder andere Ressourcen, um vorwärtszukommen. Dabei genüge es, die ersten Meter des eigenen Weges zu erkennen. „Oft können wir nicht überblicken, was alles auf uns zukommen wird. Das ist völlig in Ordnung; der genaue Weg zeigt sich im Gehen. Wichtig ist, dass wir überhaupt erst einmal anfangen und kontinuierlich weitergehen."

Fasse Vertrauen in dich selbst und deine Vision. Wozu du dich berufen fühlst, deine Herzensprojekte und Träume, sind eine Vorschau auf deine Zukunft. „Es ist in etwa wie mit der kleinen Eichel und der großen Eiche", sagt Suraya. „Wie die Eichel wachsen auch wir allmählich in unsere wahre Größe hinein. Wir werden mit der Zeit die Persönlichkeit, die unseren Traum leben kann. Sollten wir einmal vom Weg abgekommen sein, schubst uns das Leben wieder auf die richtige Bahn. Manchmal ist diese Lernerfahrung schmerzhaft, aber sie beinhaltet immer einen Wert. Das ist die daraus gewonnene Erfahrung, sie macht uns weiser."

Auf dem besten Weg bist du, so die Fachfrau, wenn du täglich in dich hineinhorchst, was heute zu tun ist, um deiner Vision einen Schritt näher zu kommen. Unser zukünftiges Selbst feuert uns immer wieder an, weiterzugehen, macht uns Mut und treibt uns an.

„So wie die große Eiche der kleinen Eichel und dem heranwachsenden Baum zuruft: ‚Weiter geht's, strecke dich dem Licht entgegen, dann kannst du dein Ziel nicht verfehlen.'"

Praxistipps

Deine Träume sind versteckte Lebensaufgaben. Schreibe auf, was du wirklich von Herzen willst, was deine Träume sind.

Wie sind die einzelnen Schritte, um deine Träume zu verwirklichen? Was ist zum Beispiel die Basis, was der nächste Schritt? Du kannst schon heute anfangen, an deinen Träumen zu arbeiten. Gehe immer nur den kleinstmöglichen Schritt für die nächste kleinstmögliche Veränderung.

Du hast jeden Tag die Wahl, ob du an deinen Träumen arbeiten willst oder nicht. Was hat dich bisher aufgehalten? Notiere auch die Dinge, die dich blockieren oder im Moment noch von deinem Traumleben abhalten.

Vielleicht sind es deine Überzeugungen (etwa: ‚Ich bin nicht gut genug'), die dich daran hindern, den nächsten Schritt zu tun. Schreibe alle Überzeugungen, die dir im Alltag begegnen, auf. Hinterfrage sie: Denkst du wirklich so oder hast du diese Überzeugungen vielleicht von deinen Eltern oder anderen Menschen übernommen? Finde Beispiele aus deiner Biografie, die die negative Überzeugung widerlegen. Halte im Alltag Ausschau nach Dingen, die dir gelingen, nach Erfolgen und Momenten, in denen du stolz auf dich bist.

Über Suraya Baumeister

Suraya Baumeister ist Kreativ-Guide, spiritueller Business-Coach und Autorin. Sie hilft anderen Menschen dabei, ihre Träume und Visionen zu leben. Und sie unterstützt auch dich dabei, kreative und innovative Inhalte zu schöpfen, erfolgreich zu sein und in deine wahre Größe hineinzuwachsen.

Weitere Informationen findest du auf www.surayabaumeister.ch, zu einer ihrer Meditationen kannst du über http://bit.ly/innerer-garten gelangen.

15. Achte auf deinen Körper
Ralf Bohlmann

Etwas, das den Coach Ralf Bohlmann immer wieder angetrieben hat, war Begeisterung. „Das war mein Motiv für alles, das ich gemacht habe", sagt er. Vor mehr als zwanzig Jahren begab er sich mit einer IT-Firma in die Selbstständigkeit und war mit Leidenschaft dabei. Doch irgendwann kam ihm die Begeisterung im Job abhanden. Also suchte er sie in anderen Bereichen, vor allem im Sport: Ralf lief Marathons, absolvierte Triathlons. „Ich habe mir immer wieder neue Ziele gesetzt und immer wieder neue Bestzeiten erreicht", sagt er. Zuletzt wollte er im Marathon unter die Besten in seiner Altersklasse in Deutschland kommen und schaffte dies im Jahr 2014.

Von diesem Zeitpunkt an funktionierte auch der Sport nicht mehr als Begeisterung. Ralf brauchte eine neue.

Ein Buch, das er im Sommerurlaub las, öffnete dem Unternehmer die Augen. „Darin ging es um die fünf Dinge im Leben, die jeder von uns schon immer tun, sehen, erleben oder haben wollte", sagt er. Also überlegte der Ludwigsburger, welche fünf Dinge das in seinem Leben wären – und hatte am Pool in der Toskana innerhalb weniger Minuten die Antwort: „Ich wollte schon immer schreiben, auf der Bühne stehen, was auch immer das bedeutet, zu Fuß durch Deutschland laufen, als Mentor für andere Menschen da sein und sie bei ihrer Entwicklung unterstützen, und ich wollte schon immer einen Porsche haben."

Allein das für sich klarzubekommen und den Entschluss zu fassen, seine neuen Ziele anzupacken, habe Ralf wieder neue Begeisterung gegeben. Also dachte er: „Worauf warte ich noch?".

Zurück in Deutschland recherchierte der Unternehmer, was ein Porsche kostet und kaufte nach wenigen Wochen ein gebrauchtes Modell. „Das Auto begeistert mich bis heute", sagt er.

Um zu wissen, worüber er schreiben wollte und was ein Thema für die Bühne sein könnte, schaute Ralf nach einem roten Faden in seiner Biografie, in seiner Geschichte. Nach etwas, das sich durch sein Leben zieht, was er als Kind machen wollte, wo er schon immer im Flow war, was ihn begeisterte und glücklich stimmte. Und er erinnerte sich an ein Familienfest in den achtziger Jahren, an seine Onkel und Tanten, „dickbäuchige Männer und Frauen mit roten Wangen und ungesunder Haut, die am Tisch geraucht haben". Damals hat sich Ralf geschworen: „Ich will nie fett, krank und unbeweglich sein wie die. Ich will immer schlank bleiben."

Und das ist eine seiner Gaben: „Wenn ich Menschen sehe, habe ich eine Idee, was sie tun können, um gesünder, schlanker und glücklicher zu werden. Ich sehe es in den Augen, an der Haut, ich spüre es am Händedruck. Das ist mein roter Faden", erläutert der Coach.

Er habe schon immer eine Idee der besten Version seiner selbst gehabt. Heute sei er so fit, wie er es noch nie in seinem Leben war. „Aber ich weiß, es gibt eine Version, die noch fitter ist, noch stärker und schlanker. Es gibt die beste Version von jedem von uns – und wir müssen nur ein paar Kleinigkeiten machen, um zu ihr zu kommen."

Dies lässt sich auf körperlicher Ebene erreichen, aber auch in Bezug auf die Berufung: Auch hier gilt es, nach und nach Kleinigkeiten in dein Leben zu integrieren, die nach einiger Zeit eine Menge ausmachen. Die aktuelle Situation zugunsten von etwas Neuem hinter sich zu lassen. Die Frage sei: „Bewege ich mich auf mein Ziel hin oder von meinem Ziel weg? Es reicht oft das Momentum, die Entscheidung, etwas zu verändern, um sich gut zu fühlen", sagt Ralf.

Wenn du wissen möchtest, was dich begeistert, schaue dir deine Historie an. Was hast du schon früher gern gemacht? Welche Visionen oder Wünsche hattest du früher? Was wolltest du in dieser Welt bewegen? „Versuche herauszufinden, was die Dinge sind, die du schon immer tun, sehen, erleben oder auch besitzen wolltest", rät der Coach. Frage dich:

Was motiviert mich?

Was zaubert mir ein Lächeln ins Gesicht?

Wobei vergesse ich die Zeit?

„Wenn du etwas findest, tue es mit Begeisterung und du wirst damit exzellent", sagt der Experte. Es gibt die These, dass du in einer bestimmten Sparte – Klavier spielen oder Leichtathletik zum Beispiel – Weltklasse erreichen kannst, wenn du zehntausend Stunden investierst. Wie willst du so viel Zeit in etwas hineinstecken, wenn es dich nicht begeistert? „Dann bist du nicht konzentriert, sondern gestresst. Dann ist das wie ein Job, der nicht zu dir passt, eine Qual", sagt Ralf.

Zurück zu seinen fünf wichtigen Dingen: Wenige Monate nach dem Urlaub in der Toskana übergab er seine IT-Firma an einen neuen Geschäftsführer. Er lief innerhalb von drei Wochen vom nördlichsten zum südlichsten Punkt Deutschlands. Er absolvierte eine Ausbildung im Neuro-Linguistischen Programmieren, einem Konzept für bessere Kommunikation mit sich selbst und anderen, und begann, als Trainer, Seminarleiter und Coach zu arbeiten und Menschen auf dem Weg zu ihrer besten Version zu unterstützen. Er schreibt, steht auf der Bühne und ist Mentor für andere Menschen, denen er hilft, physische Voraussetzungen dafür zu schaffen, um voller Energie zu sein und sich selbst anzunehmen.

Den Sport hält Ralf für ein wichtiges Element, um zu sich selbst zu kommen. „Ich laufe, weil ich ganz bei mir bin, weil ich dabei meditiere, meinen Gedanken nachhängen kann, weil mich niemand stört", sagt er. „Beim Laufen habe ich außerdem doppelt so viel Sauerstoff wie im Sitzen und finde eine Lösung für jedes Problem."

Wenn das Laufen nicht deins ist: Gehe spazieren, schwinge dich aufs Fahrrad, mache einen anderen Sport – bloß komme aus der Untätigkeit heraus, verändere eine Kleinigkeit, bevor du dich den großen Themen in deinem Leben widmest.

Was deine Berufung angeht, darfst du lernen, auf dein Gefühl zu vertrauen. Überlege, was du gern tust, was du vielleicht schon als

Kind oder Jugendlicher mit Begeisterung gemacht hast. Schreibe diese Dinge auf, und fühle dich in sie hinein: „Vielleicht hast du als Kind gern gemalt. Wie fühlt es sich an, wenn du dir vorstellst, du seist Maler? Oder du fährst gern Rad: Du könntest Rad-Veranstaltungen organisieren. Wie ist es damit? Wenn du gern Musik hörst, wärst du vielleicht ein guter Musikjournalist. Gehe in diese Idee hinein, stelle dir vor, du bist Maler oder Musiker, und beschäftige dich einen Tag, eine Woche, einen Monat mit der Idee. Solange du das Gefühl hast, es ist nicht richtig, hast du deine Berufung noch nicht gefunden", sagt Ralf.

Ja, diese Suche dauert eine Weile. Aber diese Zeit sei nicht verloren, denn du lernst dich selbst besser kennen. „Es ist schade, dass viele Menschen unglücklich sind, weil sie ihre Berufung noch nicht gefunden haben. Das limitiert. Auf der Suche zu sein ist doch schon klasse, dir diese Suche zu gönnen und sie zu deinem Lebensinhalt zu machen. Allein die Entscheidung bedeutet, dass du dich in die richtige Richtung bewegst", stellt der Coach fest.

Auch wenn du dich in deiner aktuellen Situation gefangen fühlst, dich dein Job und dein Haus, das du noch abbezahlen musst, belasten: „Nimm wahr, dass du in einer komfortablen Situation bist", sagt Ralf. „Du hast ein Haus, was viele nicht haben, und einen Job, der dich und deine Suche nach deiner Berufung finanziert." Wenn deine Arbeit eine enorme Belastung darstellt: Trete einen Schritt zurück, reduziere deine Stunden oder deine Verantwortung. Aus jeder Situation lässt sich etwas machen, „es gibt so viele Beispiele von Leuten, die nichts hatten und trotzdem alles erreicht haben", sagt Ralf.

Schaffe mehr Gelassenheit in deinem Leben: Höre auf, dich ständig zu fragen, wo denn deine Berufung ist. Entwickle stattdessen die Gewissheit, dass die Antwort kommen wird. Und unterstütze deinen Körper dabei, Glück zu empfinden.

Dafür sind laut Ralf vier Klassen von Hormonen zuständig: Endorphin, Dopamin, Serotonin und Oxytocin. „Endorphin produzierst du, wenn du dich anstrengst und noch einen draufsetzt. Du machst so viele Liegestützen wie möglich – und dann noch eine", erläutert der Trainer. „Dopamin ist ein Belohnungssystem: Du nimmst dir vor, laufen zu gehen, hältst das ein und fühlst dich danach besser. Serotonin wird gebildet, wenn du beispielsweise jemandem die Tür aufhältst und nichts dafür zurückverlangst. Oxytocin ist das Vertrauenshormon. Es entsteht, wenn du mit Menschen interagierst, jemanden umarmst, ihm die Hand auf die Schulter legst, ihm in die Augen schaust."

Schon auf der körperlichen Ebene können wir, so der Coach, viel tun, um mehr Energie und Lebensfreude zu spüren: „Sich nicht dreimal am Tag ins Fresskoma befördern, sich bewegen und beispielsweise abends einen Spaziergang machen, statt sich vor die Glotze zu setzen." Guter Schlaf, Krafttraining, Meditation – auch dies seien wirksame Mittel, um im wahrsten Sinne des Wortes etwas in seinem Leben zu bewegen.

„Was viele Menschen auch noch zurückhält, sind Stresshormone. „Du machst einen Job, der dich nicht glücklich macht, siehst nur das Schlechte in allem – und produzierst das Stresshormon Cortisol", sagt Ralf. Dies wirkt sich negativ auf dein Immunsystem aus, heißt: Du wirst anfälliger für Krankheiten. Ein hoher Cortisolspiegel macht fahrig, unkonzentriert und führt im schlimmsten Fall zum Burnout – und damit ist nicht zu spaßen. Dann ist professionelle Hilfe unabdingbar.

So viele Menschen leiden unter ihrer Situation und können sich nicht aufraffen, etwas zu ändern. Dabei reichen laut Ralf schon kleine Dinge, ein paar neue Verhaltensweisen.

Wenn du deine Berufung entdecken willst, triff eine Entscheidung, sammle Ideen, und lasse sie auf dich wirken. „Einige stellen nach einem Jahr der Suche fest, dass sie in ihrem Job doch nicht so unglücklich sind. Oder sie reisen ein Jahr lang und merken, dass sie doch mehr Sicherheit brauchen. Und das ist doch in Ordnung. Dann hat man vielleicht ein schönes Hobby entdeckt oder hilft ehrenamtlich anderen Menschen. Ein normaler Job muss nicht unbedingt ein Hamsterrad sein. Für manche bedeutet er Sicherheit oder eine sinnvolle Tätigkeit", sagt Ralf.

Es gehe darum, das zu tun, was du gern tust, was dir Spaß macht. Dann hat jeder noch so gewöhnliche Job einen Sinn.

Also lasse dir Zeit, probiere aus, beschäftige dich mit Dingen, die dir Spaß machen, stelle dir dein Traumleben vor. Die Suche nach der Berufung sei ein innerer Prozess. Wichtig sei, den Druck herauszunehmen, loszulassen. Ralf: „Dein Ziel muss so groß sein, dass es dir egal ist, wann du es erreichst."

Praxistipps

Unterstütze deinen Körper dabei, Glück zu empfinden. Baue Bewegung in deinen Alltag ein, trainiere deine Ausdauer und deine Kraft, gönn dir genug Schlaf und Entspannung, achte auf eine ausgewogene Ernährung.

Reduziere weiterhin den Stress in deinem Leben. Wenn an gewissen Umständen oder Verhaltensweisen anderer Menschen nichts zu ändern ist, kannst du deine Einstellung verändern. So wie du dich aufgrund verschiedener Faktoren entwickelt hast, so haben sich auch andere Menschen zu denen entwickelt, die sie heute sind. Du kannst sie nicht ändern, du kannst jedoch gelassener im Umgang mit anderen werden. Davon profitieren letztlich alle.

Über Ralf Bohlmann

Ralf Bohlmann ist Seminarleiter und Mentor für Menschen, die sich topfit und gesund fühlen wollen. Sein Know-how gibt er in den Bereichen Ernährung, Bewegung und Sport, Entspannung und Stressmanagement, Schlaf und Denken weiter.

Weitere Informationen sind auf www.ralfbohlmann.de zu finden.

16. Setze dein Lebenspuzzle zusammen
Heide Liebmann

Heide Liebmann ist Coach, Trainerin und Beraterin. Sie nennt sich Potenzialdetektivin – und das aus gutem Grund. Denn häufig ist die eigene Berufung etwas, das aufgespürt werden will. Und dafür braucht es Zeit, Mut und nicht selten einen langen Atem. Heide selbst hat ihre Berufung nach einer langen Suche gefunden. „Ich habe tatsächlich viel Zeit gebraucht, um meinen Weg zu finden. Viele Jahre hieß mein Wahlspruch: ‚Umwege erweitern die Ortskenntnis'".

Zuerst hatte die Expertin aus Düsseldorf gedacht, irgendetwas mit Sprache wäre das Richtige für sie. Zwar fühlte sie auch zu jener Zeit die Überzeugung, dass sie das Potenzial zu mehr hatte. „Aber was dieses ‚mehr' sein könnte, war mir unklar."

Also studierte Heide zunächst Politikwissenschaft – und brach das Studium ab. Danach entschied sie sich fürs Literaturübersetzen. Doch schnell wurde ihr klar, dass sie nicht dauerhaft als Übersetzerin arbeiten wollte. Sie wollte mehr Kontakt mit Menschen.

Verschiedene Zufälle lenkten Heide in die Unternehmenskommunikation. „Das war spannend, aber immer noch nicht wirklich mein Ding", sagt sie. Die Authentizität, ein für sie wichtiger Wert, kam in ihrer Position nicht zum Tragen, auch wenn sie das zum damaligen Zeitpunkt nicht hätte so benennen können.

Erst nach einem Coaching mit Mitte dreißig erkannte die Beraterin, was sie wirklich wollte: Die Coaching-Erfahrung war für sie so einschneidend, dass sie nach der ersten Sitzung zu ihrem Coach sagte: „Was Sie können, will ich auch!"

Von da an war der Weg klar. Heide musste nur noch herausfinden, welche Art Coach sie sein wollte. Authentisch, professionell, inspirierend – so beschreibt sie heute sich und ihre Arbeit.

Und sie weiß, dass es kein allgemeingültiges Rezept gibt, um seine Berufung zu finden. Wir sind alle unterschiedlich ‚gestrickt'. Der eine weiß schon sehr früh, welchem Weg er folgen möchte. Der andere sucht fast ein halbes Leben danach. „Die einzige Voraussetzung, um seine Bestimmung zu finden, ist die Bereitschaft, wirklich in sich hineinzuspüren", sagt Heide.

Wenn du merkst, dass das, was du bisher gemacht hast, dich nicht erfüllt, dich vielleicht sogar einschränkt, solltest du ihr zufolge konsequent sein und dich immer wieder neu auf die Suche begeben. „Wenn du diese Unzufriedenheit spürst, diese innere Leere, als würde etwas darauf warten, gefüllt zu werden: Dann ist es höchste Zeit, etwas zu verändern."

Leider ignorieren viele Menschen dieses Gefühl in sich, machen weiter wie gehabt und sinken immer tiefer, nicht selten in eine Depression. Die Welt wird grau, und alles erscheint sinnlos. Dabei ist die Antwort auf die Unzufriedenheit ganz nah, sie ist in dir. Unsere innere Stimme haben wir nicht umsonst. Sie weist uns den Weg. Allerdings sei es nicht so einfach, sie wahrzunehmen, wenn man im

Hamsterrad steckt. „Was sich dann meldet – und gern mit der inneren Stimme verwechselt wird –, sind eher Ängste und Befürchtungen", sagt Heide. Die innere Stimme, der wir Gehör schenken sollten, sei jedoch immer wohlwollend. Sie besser wahrzunehmen, lasse sich trainieren. Dafür brauchst du Momente der Stille, in denen du dir die Gelegenheit gibst, in dich hineinzuhorchen. „Meist sind wir in unserem hektischen Alltag gar nicht mehr in der Lage dazu – oder glauben das zumindest", sagt Heide. Sie empfiehlt Meditation als Weg zu sich selbst.

Eine Meditationsübung sei der Body Scan. Er hat seinen Ursprung im Buddhismus und floss später abgeändert in das Programm *Mindfulness Based Stress Reduction – MBSR* (Stressbewältigung durch Achtsamkeit) des Medizinprofessors Jon Kabat-Zinn. Beim Body Scan geht es um ein gedankliches Scannen des eigenen Körpers, laut Heide eine schöne Möglichkeit, um zur Ruhe zu kommen und seine Achtsamkeit zu trainieren. Der Body Scan funktioniert so:

Begib dich in eine bequeme Position, liegend oder stehend.

Schließe die Augen, und atme tief ein und aus.

Beginne, deinen Körper zu scannen. Fange mit den Füßen an, und fühle, wie sie den Boden oder die Unterlage berühren. Spüre die Fersen, Zehen, Fußsohlen. Nimm sie bewusst wahr.

Wandere in Gedanken durch deinen gesamten Körper: durch die Waden und Schienbeine, die Oberschenkel. Fühle, wie sie die Unterlage berühren.

Gehe in Gedanken zu deinem Bauch, fühle, wie sich deine Bauchdecke beim Einatmen hebt und beim Ausatmen senkt.

Spüre in Rücken, Arme und Gesicht hinein. Ist dein Unterkiefer locker? Sind deine Augenlider entspannt?

Atme ganz ruhig weiter und wenn du soweit bist, öffnest du die Augen und schließt die Übung ab.

Es geht darum, sich ganz auf sich selbst zu fokussieren. Wenn du dich auf deine einzelnen Sinne konzentrierst und bewusst wahrnimmst, übst du Achtsamkeit. Das geht laut Heide auch draußen, in der Natur, wo du Wahrnehmungsspaziergänge unternehmen kannst. Nach und nach lernst du loszulassen und deine anfangs leise innere Stimme besser zu hören.

„Weiterhin kannst du immer wieder deine Intuition befragen, beispielsweise bei Entscheidungen zwischen verschiedenen Optionen", sagt Heide. Schreibe die möglichen Alternativen auf Zettel oder stelle sie dir auf zwei nebeneinander stehenden Stühlen vor. „Wenn du dich auf einen der Stühle setzt oder auf einen der Zettel stellst, kannst du sehr schön nachspüren, welche Gefühle sich melden", erklärt die Expertin.

Wenn du mutig bist, kannst du einen Tag lang deinen intuitiven Impulsen nachgehen. Einfach nur das tun, was das Bauchgefühl dir sagt. „Das kann zu sehr interessanten Ergebnissen führen, mit denen du dich selbst überraschst", verrät Heide.

Wenn du also deine Berufung finden möchtest, wenn du auf der Suche nach deinem wahren Ich bist, sei achtsam, höre auf deine eigenen Bedürfnisse, nimm dich selbst ernst, und höre auf deine innere Stimme. „Sie weiß oft sehr genau, was uns guttut und weiterbringt – und was eben nicht", sagt Heide.

Häufig sind wir zu sehr davon abhängig, was andere über das Leben und über uns denken. Davon darfst du dich befreien. Es geht schließlich um DEIN Leben, DEINE Zufriedenheit, DEIN Glück. Was auch wichtig sei auf dem Weg zur Berufung: sich die Erlaubnis zu geben, um Unterstützung zu bitten. „Es gibt Menschen da draußen, die deinen Weg verkürzen können, die dir helfen, die Schmerzen der Veränderung abzumildern, und die dein Vertrauen in die eigene Kraft stärken."

Umgekehrt ist es ratsam, sich von Personen zu trennen, die dich ausbremsen, hindern, die ständig deine Flügel stutzen wollen – wahrscheinlich weil sie selbst voller Ängste sind. Schau einmal deine Beziehungen an: Wer hält dich davon ab, dein Ding zu machen? Wessen Ängste übernimmst du? Und: Welche Werte prägen dich?

Werte, das betont Heide, sind eine wichtige Voraussetzung, um die eigene Berufung zu finden. An ihnen lässt sich gut ablesen, ob du auf dem richtigen Weg bist oder eben nicht. Um seine Werte zu erforschen, hat sich für die Trainerin die Arbeit mit Bildern bewährt: Dabei blätterst du einen Stapel Zeitschriften durch und reißt Seiten heraus, auf denen du Bilder siehst, die dich ansprechen. Du achtest also nur auf die Bilder, nicht auf die Texte. Hast du etwa ein Dutzend Blätter herausgerissen, triffst du eine Auswahl von drei bis sechs Bildern. Danach findest du zu jedem der Bilder einen Begriff, der auf den Punkt bringt, was es für dich repräsentiert. „Meist hinterfrage ich im Coaching den erstgenannten Begriff noch einmal", sagt Heide. „Heißt: Wenn jemand den Begriff Natur für ein Waldbild wählt, frage ich, was die Natur für ihn bedeutet. Da kommen dann nochmal Antworten, die eine Ebene tiefer gehen." Denn Natur kann für den einen Ruhe symbolisieren, der andere verbindet damit vielleicht Abenteuer oder Umweltschutz.

Hast du für jedes deiner drei bis sechs Bilder einen Begriff definiert, zeigt das Ergebnis meist die zentralen Werte an. Sie geben der Expertin zufolge Orientierung: Hast du diese Werte bisher gelebt? Falls nicht: Was kannst du konkret tun, um das zu ändern?

Eine weitere hilfreiche Übung, um seinen Werten auf die Spur zu kommen, ist nach Ausführungen der Expertin der ‚Lebensfluss'. Dabei geht es darum aufzumalen, wie das bisherige Leben von der Quelle an gelaufen ist. Wo floss der Fluss leicht und unbeschwert, wo gab es Hindernisse? An welcher Stelle kam der Fluss vielleicht zum Stillstand? Welche Nebenflüsse bereichern deinen eigenen Fluss? Woher kamen sie und was haben sie dir gebracht?

Bei dieser Übung zeigen sich laut Heide oft Potenziale, die lange geschlummert haben, weil sie zu einem bestimmten Zeitpunkt aufgehalten und eingedämmt wurden. Sich dessen bewusst zu werden, kann deshalb helfen, im wahrsten Wortsinn wieder in den Fluss zu kommen.

In der eigenen Biografie gibt es häufig so etwas wie einen roten Faden, auch wenn er sich manchmal nicht sofort zeigt. Die Beschäftigung mit dem Lebensfluss kann hierfür aufschlussreich sein, weil sie dabei hilft, deine Leidenschaften und Interessen aus Kindheit und Jugend wieder aufzuspüren. „Diese geben oft – nicht immer – gute Hinweise darauf, wohin der eigene Weg führen könnte", sagt Heide.

Auf dem Pfad zur Berufung sind neben den eigenen Werten auch die individuellen Stärken entscheidend. Die Fachfrau aus Düsseldorf stellt immer wieder fest, dass viele Menschen eine Art Bibliothek ihrer Defizite im Kopf haben: Die Regale mit den Schwächen biegen sich unter der Last, während das Regal mit den Stärken verstaubt und fast unerreichbar ist.

Wir glauben oft nicht an unsere Fähigkeiten, folgen unbewusst den Ansichten und Werten unseres sozialen Umfelds und machen uns klein. Sich davon zu lösen, kann ein schmerzhafter, aber auch sehr befreiender Prozess sein. Wer die Lebensfreude in seinem Leben dauerhaft vermisst, seine Arbeit nur noch ungern verrichtet, vielleicht sogar körperliche Symptome wie Kopfschmerzen, Atemnot oder Antriebslosigkeit zeigt, kann ziemlich sicher sein, dass hier etwas nach Veränderung schreit. „Wenn du diesem Ruf folgst, finden sich mit großer Wahrscheinlichkeit Helfer und Unterstützer. Nur auf den Weg machen musst du dich schon selbst", sagt die Beraterin.

„Um dir zu vergegenwärtigen, über welche Stärken du verfügst, kann es sehr hilfreich sein, dich zu fragen, was andere wohl an dir schätzen: Was würden deine Eltern, Freunde oder Kollegen sagen, wenn man sie fragte, was sie sehr an dir mögen?", sagt Heide. Wer ein bisschen mutiger ist, kann diese Frage auch direkt stellen und sich von den Antworten überraschen lassen. „Das tut oft sehr gut."

Vor allem wirst du dann vielleicht feststellen, dass du für Eigenschaften und Fähigkeiten gelobt wirst, die du für völlig selbstverständlich hältst und deshalb gar nicht würdigst. Wenn dir also jemand sagt, er fühle sich bei dir immer willkommen, tue das nicht als ganz normal und nichts Besonderes ab. Es ist etwas Besonderes. „Nicht jeder hat diese Fähigkeit, und es ist wichtig, das für sich selbst anzuerkennen. Wie kann man Wertschätzung von anderen erwarten, wenn man sie sich selbst nicht schenkt?", wirft die Expertin ein.

In ihren Coachings besteht sie darauf, auf mindestens einem, besser noch zwei Flipcharts die Stärken des Klienten festzuhalten. „Viele schauen mich bei dieser Ankündigung mit großen Augen an – bis sie sehen, dass sich die Flipcharts tatsächlich füllen und sie über viel mehr Stärken verfügen als ursprünglich gedacht."

Wenn du deine Talente und Fähigkeiten offengelegt hast, wenn du deine Werte kennengelernt hast, ist dies eine gute Basis dafür, deine Berufung zu entdecken. Es zeichnet sich eine Richtung ab. „Meine Empfehlung lautet, sich mit möglichst vielen unterschiedlichen Menschen zu unterhalten, Biografien zu lesen, sich in verschiedenen Bereichen zu tummeln, denn die Inspiration springt einen oft aus unerwarteten Ecken an", sagt Heide. Darüber hinaus empfiehlt sie, Gleichgesinnte zu suchen – also Menschen, die ähnliche Ziele und Werte haben wie du. „Das gibt dir Rückendeckung bei der Entwicklung und hilft dir dabei, deinen Weg unbeirrt zu gehen."

Und das sieht für jeden anders aus. Wenn du deine verschiedenen und ganz individuellen Begabungen und Fähigkeiten kombinierst, ergeben sie ein sinnvolles Ganzes. Arbeitest du gern mit Kindern und hast Freude daran, Wissen zu vermitteln, ist möglicherweise der Lehrerberuf etwas für dich. „Sportliche Wissensvermittler, die noch dazu gern reisen, werden vielleicht Surflehrer. Wer gern auf der Bühne steht und andere begeistert, entscheidet sich unter Umständen für eine Speaker-Karriere", sagt Heide.

Die Kunst ist, wirklich genau zu erforschen, welche Puzzlestücke du zusammensetzen kannst, um ein vollständiges Bild entstehen zu lassen. Und das geht nicht von heute auf morgen. Gib dir selbst also genug Zeit, um deine Berufung wachsen zu lassen. „Zuweilen kann eine externe Perspektive, etwa in einem Coaching, sehr hilfreich sein, weil das den Prozess beschleunigt", stellt die Fachfrau fest.

Sie hat den Eindruck, dass es immer noch zu viele Menschen gibt, die denken, dass sie das nicht dürfen: sich einen Beruf suchen, der ihren wahren Neigungen und Talenten entspricht. Wer sich in außen vorgegebenen Verpflichtungen und inneren Hürden gefangen fühlt, hat es schwer, das Richtige für sich selbst zu erkennen.

Hast du deine Berufung entdeckt, folgen weitere Schritte, vor denen sich viele Menschen scheuen. Du musst dir vielleicht neues Wissen aneignen, du musst dich professionalisieren – ob nun als Selbstständiger oder als Angestellter. „Darüber hinaus stelle ich gern die Frage, was meine Klienten mit ihrem Tun der Welt geben wollen", sagt Heide. Wenn dir das übergeordnete Ziel klarer wird, fällt es dir leichter, deine Ressourcen zu aktivieren und dich deinen Ängsten zu stellen. Ängste sieht der Coach ohnehin als eine Art Wegweiser: „Sie geben uns oft deutliche Hinweise darauf, wo wir Entwicklungspotenzial haben. Meiner Erfahrung nach werden Ängste kleiner, je mehr wir uns ihnen annähern." Eine Szene aus Michael Endes Roman „Jim Knopf und Lukas, der Lokomotivführer" macht das deutlich: Die beiden Protagonisten sehen in der Ferne einen Riesen. Doch je beherzter sie auf ihn zugehen, umso mehr schrumpft er zusammen. Und als sie schließlich bei ihm angelangt sind, entpuppt sich der zuvor so furchteinflößende Riese als freundlicher alter Knabe.

Verzage nicht, wenn etwas nicht funktioniert. Wenn du Angst vor dem nächsten Schritt hast. Oder dich sogar von deinem Ziel entfernst. Jeder hat laut Heide sein Lebenstempo – und manche Menschen brauchen eben etwas länger, um sich selbst auf die Spur zu kommen und ihre inneren Hürden aus dem Weg zu räumen. Bleibe dran, gehe weiter – voller Mut und Zuversicht. Dann dauert deine Reise vielleicht ein paar Jahre. Aber es ist DEINE Reise, DEIN Weg, DEINE Entwicklung. Dafür darfst du dir selbst so viel Zeit lassen, wie nötig ist.

„Der wichtigste Indikator ist wirklich immer wieder die Frage: Lebe ich meine Werte? Kann ich meine Potenziale so einsetzen, dass es mir und der Welt guttut? Solange du hier noch Unsicherheit spürst, bist du weiterhin auf der Suche", sagt Heide. Und das sei gar nicht tragisch, im Gegenteil. „Schon die Suche selbst kann so wertvoll sein und hält so spannende Erfahrungen für uns bereit. Das sollten wir wirklich wertschätzen."

Es lohnt sich, zu suchen, nicht nur um der Suche willen. Denn hast du deine Berufung gefunden, eine Arbeit, die sich für dich nicht wie Arbeit anfühlt, etwas, das du gern tust, kannst du dich leicht zu Dingen motivieren, die vielleicht nicht ganz deinem Gusto entsprechen, aber notwendig sind. „Für mich persönlich hat sich nach und nach sehr viel an meiner ganzen Lebensführung verändert: Ich sorge insgesamt besser für mich und habe mir Routinen angeeignet, die ich früher lästig gefunden hätte", sagt Heide. Ein schönes Gefühl sei das, tief in sich zu spüren, dass man angekommen ist. „Das bedeutet nicht, dass die persönliche Entwicklung damit abgeschlossen wäre. Doch alles, was noch hinzukommt, vertieft und erweitert letztlich das Verständnis der eigenen Aufgabe in dieser Welt."

Praxistipps

Höre auf deine innere Stimme, vertraue auf dein Bauchgefühl. Du weißt am besten, was sich für dich gut anfühlt, welche Aufgaben dir liegen, welche Tätigkeiten du gern machst.

Betrachte deine besten Eigenschaften und Fähigkeiten, die du bis hierher aufgeschrieben hast, und kombiniere die unterschiedlichen Stärken und Begabungen. Was macht dir Spaß und wie kannst du dein Potenzial einsetzen, damit es dir und der Welt guttut? Gib dir genug Zeit, um deine Berufung wachsen zu lassen.

Über Heide Liebmann

Heide Liebmann ist Potenzialdetektivin, Coach und Autorin. Sie hilft ihren Kunden durch Einzel- und Gruppencoachings on- und offline, sich persönlich und unternehmerisch weiterzuentwickeln. Im Dezember 2015 erschien ihr Buch *Die Magie der unternehmerischen Persönlichkeit: Wie Trainer und Coachs auf allen Ebenen erfolgreich werden* im Verlag managerSeminare.

Weitere Informationen sind auf www.heide-liebmann.de zu finden.

17. Lerne zuzuhören
Andreas Gregori

„Berufung ist das pure Glück", sagt Andreas Gregori. Und er muss es wissen, schließlich beschäftigt er sich jeden Tag damit. Der Autor und Kommunikationstrainer interviewt Menschen, die ihr Glück gefunden haben. Und für ihn ist die Berufung einer der größten Glücksfaktoren – neben wert- und liebevollen Beziehungen mit anderen Menschen sowie dem Bewusstsein für sich selbst.

Berufung, Beziehungen, Bewusstsein – diese drei Säulen tragen nach seinen Worten das vollkommene Glück. Und dann braucht es nur noch ein paar Kleinigkeiten, die uns erfreuen: ein Paar neue Schuhe, ein neues Handy. Glück sei sehr einfach, sagt Andreas. Wie die Berufung.

Und: Du erfüllst bereits alle Voraussetzungen, um beides in deinem Leben zu haben. Häufig hapert es bloß an der Perspektive.

Vielleicht bist du in deinem aktuellen Job relativ zufrieden. Du magst die Kollegen, dein Chef ist fair, die Aufgaben fordern dich heraus – vielleicht nicht immer, aber so, dass dir nicht zu langweilig wird. Und dann erzählt dir ein Freund davon, dass er ein erfolgreiches Online-Business aufgebaut hat und demnächst nach Thailand auswandert. Plötzlich erscheint dir dein ganz normaler Job als trist, du denkst: „Da muss es doch noch mehr geben für mich. Das kann doch nicht alles gewesen sein! Ich will etwas Großes erreichen" – und fängst an zu suchen.

Daran ist nichts verkehrt, nicht dass wir uns falsch verstehen. Du darfst dich weiterentwickeln, dich selbst verwirklichen. Wichtig ist dabei bloß die Frage: Willst DU das wirklich? Oder fühlst du dich unter Zugzwang, weil du mehr von dir selbst erwartest, weil du denkst, dein Umfeld erwartet mehr von dir. Noch mal: Mehr zu wollen, ist in Ordnung. Wenn es allerdings nicht dein eigener, innerer Antrieb ist, solltest du deinen Job vielleicht nicht gleich hinschmeißen.

Für Andreas ist die Berufung kein Heiliger Gral. Es wird nichts Bemerkenswertes passieren, wenn du weißt, was die deine ist. Du wirst mit sehr hoher Wahrscheinlichkeit keinen Erleuchtungsmoment haben, weil die Berufung oft etwas Naheliegendes und Natürliches ist. „Sie kann etwas sein, das uns alltäglich erscheint", sagt der Kommunikationstrainer.

Wenn du dich also mit der Frage beschäftigst, was deine Berufung sein könnte, schau dir deine aktuelle Situation an. Was stört dich, und was würdest du gern ändern? Oder: Was gefällt dir, in welchen Aufgaben gehst du auf? Warum willst du dich auf die Suche nach deiner Berufung begeben?

Befreie dich von allen Zwängen, von der Vorstellung, du müsstest unbedingt herausfinden, was deine Bestimmung ist. Möglicherweise musst du nur deine Perspektive ändern, möglicherweise hast du schon den für dich passenden Job – und siehst es nicht. „Auch in einem Traumberuf gibt es Tage, an denen man keine Lust hat, etwas zu tun", sagt Andreas.

Geschichten erfolgreicher Menschen suggerieren häufig, dass diese auf der Sonnenseite des Lebens stehen, dass ihnen alles gelingt. Aber auch sie haben schlechte Tage. Vincent van Gogh hat sich zeit seines Lebens nicht jeden Morgen ganz früh ins Atelier gestellt und bis zum Abend gemalt. Er suchte Zerstreuung im Alkohol und in den Armen von Frauen. Wenn er dann aber wieder eine Schaffensphase hatte, malte er fantastische Werke.

So wie bei ihm zeigt sich in ganz vielen Berufen: Nichts ist perfekt, schon gar nicht zu jeder Zeit. Egal welche Arbeit du machst: Es wird immer Aufgaben geben, die du nicht so gern übernimmst, es werden immer wieder Hürden auftauchen, die du bewältigen musst. Als Online-Selbstständiger in Thailand genauso wie als Angestellter oder Geschäftsführer eines Unternehmens in Deutschland.

In einer solchen Position war auch Andreas vor ein paar Jahren. Er hatte lange darauf hingearbeitet – und als er dann Teil der Geschäftsführung war, ist überhaupt nichts passiert. Er war nicht glücklicher als vorher, hat sich nicht anders gefühlt, wenn er morgens zur Arbeit gegangen ist. Seine Erwartungen, die er bezüglich des Chefpostens hatte, wurden nicht erfüllt. Er wurde unglücklich mit seiner Situation, gab alles auf und begab sich auf die Suche nach seinem Glück, seiner Berufung.

Heute weiß Andreas, dass es damals um seine Perspektive ging. Mit seinem jetzigen Wissen könnte er in seinem alten Job glücklich sein. Wenn die Zahl der Tage, an denen der Job in Ordnung ist, höher ist als die Anzahl jener Tage, an denen alles blöd zu sein scheint, musst vielleicht auch du nichts verändern.

In anderen Fällen, wenn deine Arbeit für dich eine Qual ist und du seit längerem keinen Sinn in deinen Aufgaben siehst, darfst du das schon. Du kannst dich fragen, ob du dir selbst einen Gefallen tun würdest, wenn du dich nicht mehr jeden Morgen an einen Arbeitsplatz schleppst, der dir jede Energie raubt. Wenn du einen Jobs machst, der Geld einbringt, aber keine Freude. Der vielleicht deine Eltern stolz macht, dich selbst aber unglücklich.

Menschen, die ihr Glück und ihre Berufung gefunden haben und die Andreas interviewt hat, sagen, dass ihr Tag ganz schnell verfliegt, dass sie in ihrer Tätigkeit so sehr aufgehen, dass sie gar nicht mitbekommen, wie es Abend wird. Dann gibt es jene, die im Büro jede Viertelstunde auf die Uhr schauen und hoffen, den Tag bis zum Feierabend irgendwie herumzubekommen. Und solche, die montags und dienstags produktiv sind und es den Rest der Woche ruhig angehen lassen.

Arbeit ist nicht gleich Arbeit. Letztlich geht es um die sehr individuellen Fragen, wer DU sein willst und was DU willst. Was DIR wichtig ist.

Du musst dich nicht selbst verwirklichen oder neu erfinden, wenn du mit deinem Job eigentlich ganz zufrieden bist. Du musst nicht alles aufgeben, um deine Berufung zu leben. Betrachte sie als etwas, das du finden darfst, wenn DU es willst.

Gehe mit dir selbst gelassen um, nimm den Druck heraus. Du musst überhaupt nichts, nur weil Selbstverwirklichung vielleicht gerade ein Thema ist, über das Menschen in deinem Umfeld sprechen.

Schaue nach deinen Bedürfnissen, deinen Sehnsüchten, deinen Wünschen. Diese können einen sicheren Job und ein geregeltes Einkommen ebenso beinhalten wie eine Selbstständigkeit und flexible Arbeitszeiten.

Berufung ist etwas höchst Individuelles. Ein Arbeitsmodell, das bei einem Menschen funktioniert, lässt sich nicht auf jeden übertragen. Weil wir unterschiedliche Talente haben, unterschiedliche Geschichten, die uns zu den Menschen gemacht haben, die wir sind.

Der eine hilft seiner Mutter vielleicht schon als Kind in der Küche und wird Profikoch. Der andere spielt mit Leidenschaft Schlagzeug und wird später erfolgreicher Produzent. Der Dritte schreibt schon als Siebenjähriger Gedichte und wird nach einem Journalismus-Studium Auslandskorrespondent für große Medien.

Es gibt eine Vielzahl solcher Geschichten. Geschichten erfolgreicher Menschen, die ihrer Leidenschaft gefolgt sind, die einen Job machen, den sie lieben. Betrachte sie als das, was sie sind: Geschichten anderer Menschen. Sie haben nichts mit dir zu tun.

Du bist wie du bist. Du hast deine eigene Vergangenheit. Du bist das Ergebnis deiner Erziehung, deiner Erlebnisse, deiner Erfahrungen. Auf dieser Basis hast du Entscheidungen getroffen, die dich dorthin geführt haben, wo du heute stehst.

Der Profikoch wäre sicher keiner geworden, wenn seine Eltern ihm im Kindesalter gesagt hätten, dass das Kochen nur etwas für Mädchen sei und er sich eine andere Freizeitbeschäftigung suchen soll. Eine für richtige Kerle. Er hat jedoch Freiheiten genossen, er durfte sich ausprobieren.

Deshalb vergleiche dich nicht mit anderen, sondern schaue dir dein Leben an. Dein Leben, das vielleicht schon in Ordnung ist, wie es ist. Ohne große Ziele. Ohne offene Wünsche.

So wie du bist, bist du wunderbar und genau richtig. Mit deiner Vergangenheit, deiner ganz persönlichen Geschichte. Du bist nicht besser oder schlechter als andere Menschen. Du bist einfach nur du.

Wenn du aufhörst, dich selbst unter Druck zu setzen, spürst du vielleicht eine Zufriedenheit, nach der du dich lange gesehnt hast. Denn oft geht es nur darum höher, schneller, weiter zu kommen, auf jeden Fall Karriere zu machen, sich beruflich zu verwirklichen. Die Frage ist: Brauchst du das? Oder reicht dir ein ganz gewöhnlicher Bürojob?

Wenn nicht, darfst du gern Neues ausprobieren, nach Alternativen Ausschau halten. Denn Geschichten anderer Menschen zeigen auch, dass sich die Berufung verändern kann. Über Jahre bist du zufrieden als Tierpfleger – und dann möchtest du vielleicht eine Yogalehrer-Ausbildung machen, weil dir das als das Richtige erscheint. Das heißt nicht, dass du kein guter Tierpfleger warst oder dieser Job nicht deine Bestimmung gewesen ist. Es bedeutet lediglich, dass du dich verändert, entwickelt hast – und nun neue Wege beschreitest.

„Berufung kann etwas sein, das sich mit der Einstellung oder den Lebensumständen verändert", sagt Andreas.

Je mehr du ein Gefühl für deine ganz persönlichen Bedürfnisse entwickelst, umso leichter wirst du erkennen, was du gerade brauchst und was nicht. Ob du deine (berufliche) Situation anpassen solltest oder eher nicht.

Andreas ist überzeugt, dass es zwei Triebfedern für Veränderung gibt: große Schmerzen und große Ziele. Schmerzen können sich auf unterschiedliche Weise äußern, durch Krisen und Krankheiten etwa. „Die meisten Menschen sind leider so wenig bei sich selbst, dass sie gar nicht merken, dass ihr Körper schreit. Sie werden dauernd krank, sind ständig erkältet und verstehen nicht, dass das mit ihren Lebensumständen zu tun hat", sagt er.

Auch für große Ziele – um sich beispielsweise inspirieren zu lassen – braucht es Achtsamkeit. Und um achtsam zu sein, braucht es Ruhe. Keine Ablenkung durch den Fernseher, das Handy, durch E-Mails, Musik und Nachrichten. Gehe an einen Ort, an dem nichts stört, in den Wald zum Beispiel, setze dich hin und bleib einfach nur sitzen. Dreißig Minuten, eine Stunde.

Wenn du dich selbst besser kennenlernen möchtest, gönn dir Entspannung, Zeit zum Durchatmen.

Frage dich, was du gerade brauchst – und höre dir selbst zu. Dazu sind so manche Menschen, die Andreas interviewt hat, erst gekommen, als sie dazu gezwungen waren, als etwa eine Krankheit oder

der Verlust eines geliebten Menschen sie zum Umdenken bewegt hat.

Da ist eine junge Frau, die bei mehreren Operationen fast stirbt und im Krankenhaus beschließt, Hair and Make-up Artist zu werden. Da ist ein Familienvater und Investmentbanker, der die verschiedensten Krankheiten bekommt und sich selbst kurz vor einer Herz-OP verspricht, besser mit sich umzugehen. Da ist eine andere Frau, die aufgrund eines Blutgerinnsels halbseitig gelähmt ist und beschließt, endlich Sängerin zu werden. Alle drei mussten erst körperlichen Schmerz erfahren, um endlich das zu tun, was sie lieben.

Keiner der glücklichen Menschen, die Andreas interviewt hat, hat ein Seminar zur Berufsfindung besucht. Sie haben nur auf sich selbst gehört und sind mit offenen Augen und Ohren durch die Welt gegangen.

Für den Kommunikationstrainer und Autor zeigen ihre Geschichten, dass es gar nicht so schwierig ist, die eigene Berufung zu finden. Gar nicht so langwierig oder beschwerlich. Wenn du dir selbst zuhörst, weißt du mit etwas Übung ganz genau, was du willst und brauchst. Ob dein jetziger Job nur noch an deinen Nerven zehrt und nach Veränderung schreit – oder doch ganz okay ist. Zufriedenheit liegt oft im Alltäglichen.

Deine Berufung kann etwas ganz Gewöhnliches sein. Und auch darin liegt eine gewisse Schönheit. Weil jeder Job ein Traumjob sein kann, wenn er von dem passenden Mitarbeiter mit der passenden Perspektive erledigt wird.

Gehe in dich, höre zu. So einfach ist es. Damit öffnest du dich für neue Möglichkeiten oder für deine aktuelle Situation. Betrachte dein Leben von einem anderen Standpunkt oder gestalte es, wie du es willst – und deinem Glück steht nichts im Weg.

Praxistipps

Gehe mit dir selbst gelassen um. Ergründe, was du willst. Was sind deine Bedürfnisse, deine Sehnsüchte? Sei achtsam, gönn dir Ruhe und höre zu – die Antwort auf die Frage nach deiner Berufung liegt in dir.

Übe das Zuhören. Wenn du das über viele Jahre nicht getan, sondern vielleicht einfach nur funktioniert hast, wird sich dein Geist anfangs möglicherweise wehren. Lasse deiner Entwicklung Zeit. Horche immer wieder in dich hinein, auch in Alltagssituationen, und höre zu.

Über Andreas Gregori

Andreas Gregori ist Kommunikationstrainer, Autor, Produzent und vor allem Zuhörer. Er interviewt Menschen, die ihr Glück gefunden haben: Lottomillionäre, Weltenbummler, Hausfrauen. Er möchte andere inspirieren und ermutigen, ihr Glück und ihre Berufung zu suchen.

Nähere Informationen sind auf www.glueckfinder.de zu finden.

Danksagung

Zunächst möchte ich mich bei allen Interviewpartnern bedanken, die meine Fragen zur Berufung beantwortet haben. Mit eurer Hilfe habe ich ein tiefes Verständnis dafür entwickelt, was Berufung ist und wo der Zugang zu ihr zu finden ist.

Ich danke meiner Lektorin Anna und meiner Designerin Johanna, die mir dabei geholfen haben, mein Buch ‚hübsch' zu machen.

Großer Dank gilt außerdem all den lieben Menschen, die dieses Buch als Erste lesen durften. Tausend Dank für euer Feedback und eure Kritik; ihr wart mir eine wichtige Instanz, wenn ich schon fast betriebsblind wurde …

Ich danke weiterhin meinen Eltern, die mich unterstützen, was auch immer ich mache. Ohne euch wäre ich nicht die, die ich heute bin. Und ich danke meinem Partner, der immer für mich da ist. In guten wie in schlechten Zeiten.

Die Autorin

Katharina Pavlustyk, Jahrgang 1984, war mehrere Jahre Journalistin, bevor sie in die PR-Branche wechselte. Seit Anfang 2016 arbeitet sie als freiberufliche PR-Texterin und Redakteurin für verschiedene Auftraggeber.

Auf ihrem Blog www.journalito.com schreibt sie über Menschen, die ihr (berufliches) Glück gefunden haben und bloggt zu den Themen Berufung, Glück und Zufriedenheit. Ihre eigene Entwicklung hat sie zu ihrem ersten Buch *Liebe deine Arbeit – 18 Experten zeigen Wege zur Berufung* geführt. „Ich bin überzeugt, dass in jedem von uns Fähigkeiten und Talente schlummern, die entdeckt werden wollen", sagt die Autorin. Ihr Erstlingswerk soll ein Wegweiser dazu sein.

Die Designerin

Die Illustrationen in diesem Buch stammen von Johanna Isabella Lang. Sie hat sehr früh ihre Berufung gefunden: Schon im Kindesalter zeigten sich ihre Begabungen im künstlerischen Bereich, beim Malen, Basteln, Dekorieren. Mit dreizehn Jahren begann Johanna mit Schüler-Praktika in ihrem Interessensgebiet: bei einer Floristin und einer Fotografin, in der Werbeabteilung eines großen deutschen TV-Senders, bei Grafikern, einem Innendesigner, einem Webdesigner. Parallel arbeitete sie sich autodidaktisch in Grafik-Programme und WordPress ein, übte sich im Zeichnen und Aquarellmalen. Mit vierzehn Jahren übernahm Johanna erstmals kleine Aufträge wie das Entwerfen von Logos, Piktogrammen, Flyern und PowerPoint-Präsentationen. Seit Juni 2016 ist sie selbstständig als künstlerische Grafikerin und besucht seit September 2016 die Münchner Designschule.

www.johanna-isabella-lang.com

Bildnachweise

Foto Ursula Maria Lang: Astrid Obert Fotografie, www.astridobert.de

Foto Regina Schlager: Frederike Asael, www.asael.ch

Foto Lydia Sophia Wilmsen: Achim Detering

Foto Heike Thormann: Kurt Püttmann, www.foto-schorcht.de

Foto Wolfgang Schmidt: privat

Foto Heidi Marie Wellmann: privat

Foto Katharina Tempel: Konrad Tempel

Foto Irene Fellner: Bettina Futter

Foto Johannes Metzger: La Rici Photography

Foto Natalie und Joeel A. Rivera: privat

Foto Mara Stix: Doris Fastenmeier, www.midnightsun.at

Foto Lea Hamann: Julia Knörzer

Foto Sebastian Thalhammer: www.hausrugger.com

Foto Suraya Baumeister: privat

Foto Ralf Bohlmann: Max Muckle

Foto Heide Liebmann: Beate Knappe, www.beateknappe.de

Foto Andreas Gregori: Michael Jordan, www.jordanfotograf.de

Foto Katharina Pavlustyk: Ben Pawils, www.pawils-media.de

Foto Johanna Isabella Lang: privat